Éditrice : Caty Bérubé

Rédactrice en chef : Laurence Roy-Tétreault
Auteurs : Caty Bérubé, Benoit Boudreau et Richard Houde.
Chefs cuisiniers : Benoit Boudreau et Richard Houde.
Superviseure stylisme culinaire : Christine Morin
Superviseure photo et stylisme : Marie-Ève Lévesque
Photographes : Mélanie Blais, Tony Davidson et Rémy Germain.
Collaborateurs : Jean-Christophe Blanchet et Alexandre Gilbert.

Catalogage avant publication de Bibliothèque et Archives nationales du Québec
et Bibliothèque et Archives Canada

Bérubé, Caty, auteur

  Mijoteuse, les meilleures recettes au monde : testées, testées et retestées ! /
  Caty Bérubé, Benoit Boudreau, Richard Houde.

  (Avec Caty)
  Comprend des références bibliographiques et un index.

ISBN 978-2-89658-954-8

  1. Cuisson lente à l'électricité. 2. Livres de cuisine. I. Boudreau, Benoit, auteur. II. Houde, Richard,
  auteur. III. Titre.

  TX827.B47 2018   641.5'884   C2018-940904-5

Dépôt légal : 3ᵉ trimestre 2018
Bibliothèque et Archives nationales du Québec
Bibliothèque et Archives Canada
ISBN 978-2-89658-954-8

Gouvernement du Québec. Programme de crédit d'impôt pour l'édition de livres - Gestion SODEC

1685, boulevard Talbot, Québec (QC) G2N 0C6
Tél. : 418 877-0259
Sans frais : 1 866 882-0091
Téléc. : 418 780-1716
www.pratico-pratiques.com

Commentaires et suggestions : info@pratico-pratiques.com

LE **PLAISIR** ♥
DE CUISINER
AVEC *Caty*

MIJOTEUSE
Les meilleures recettes au monde

Testées, testées et retestées!

PRATICO PRATIQUES

Table des matières

Nos recettes
testées et retestées !

Je raffole des plats réconfortants et longuement mitonnés qui requièrent peu de préparation. C'est pourquoi la mijoteuse est pour moi une alliée de taille ! C'est une technique de cuisson tellement simple et pratique !

N'empêche qu'il est possible de rencontrer quelques défis avec cette méthode : le goût peut parfois être fade, la préparation trop liquide, les aliments trop cuits et mous… Ces difficultés, souvent rencontrées par les utilisateurs de la mijoteuse, nous ont poussés à trouver les meilleures recettes, celles qui offrent un résultat infaillible. Elles sont regroupées ici, dans ce que je considère être une bible des recettes à la mijoteuse !

À nos recettes à succès s'ajoutent des infos et des trucs pour réussir la cuisson à la mijoteuse et tirer profit au maximum de son aspect pratique. Nous voulions que les recettes s'adaptent à votre quotidien, et c'est pourquoi nous avons rassemblé, parmi les grands classiques, autant des recettes qui se préparent avec seulement quatre ingrédients – un *must* pour les soirs pressés ! – que des recettes pour recevoir et en mettre plein la vue à vos invités sans passer des heures devant les fourneaux.

Vous trouverez aussi des idées de plats qui ne requièrent pas de précuisson ainsi qu'une section de mets qui nécessitent un minimum de 8 heures de cuisson. Cela vous permettra de partir l'esprit libre toute la journée, puis de profiter d'un repas chaud, bien parfumé et prêt à servir dès votre retour à la maison !

Notre objectif était de vous offrir les meilleures recettes de mijoteuse au monde, testées, testées et retestées... On peut assurément dire que c'est mission accomplie !

Nos précieux testeurs

U ne bonne partie de l'équipe de Pratico-pratiques a été mise à contribution pour la création de ce livre et j'en suis très fière ! Sous la supervision de notre rédactrice en chef, Laurence, un immense travail de recherche a été effectué avant que l'on puisse mettre en branle le choix des recettes, la gestion des tests culinaires et des photos, la rédaction des textes, etc. Le Web a été épluché de fond en comble afin de recueillir les mets à la mijoteuse qui plaisent le plus et qui se réussissent le mieux. Pour nous assurer que les plats créés par notre chef fonctionnent et qu'ils sont vraiment bons, nous avons fait appel à une équipe de testeurs bien spéciale : nos employés !

Chacun a mis la main à la pâte en choisissant quelques recettes à tester dans des conditions de cuisine de tous les jours, c'est-à-dire à la maison. Chacun a donné ses commentaires afin d'éviter les résultats décevants. Et encore une fois, le processus ne s'est pas arrêté là : Richard, notre chef cuisinier, a pris soin de retester les recettes en considérant les commentaires de l'équipe afin de faire de chaque mets « ze » meilleure recette à la mijoteuse.

Notre objectif était de vous offrir les meilleures recettes de mijoteuse au monde, testées, testées et retestées… On peut assurément dire que c'est mission accomplie !

Après tout ce beau travail d'équipe mis en branle pour vous offrir des idées de recettes variées garantissant un résultat satisfaisant, c'est maintenant à votre tour d'en faire l'essai !

Prêt à vous régaler de recettes à la mijoteuse qui passent le test ?

Bon appétit !

Caty Bérubé
Éditrice

Laurence Roy-Tétreault
Rédactrice en chef culinaire

Monica Lalancette
Chargée de contenus numériques déco

Edmonde Barry
Assistante à la production

Alexandre Morency
Intégrateur Web

Josée Lavoie
Coordonnatrice de bureau

Maude Langevin
Conseillère au développement des affaires

Corinne Dallain
Réviseure

Marilou Cloutier
Réviseure

Émilie Gagnon
Directrice ventes et marketing

Catherine Pelletier
Chargée de contenus culinaires

Sarah Aubin-Roy
Chargée de projets marketing clients

Alex Gauvin
Chargée de contenus numériques bilingues

Geneviève Boisvert
Rédactrice en chef culinaire

Crystel Jobin-Gagnon
Chef d'équipe production éditoriale

Chantal St-Pierre
Conseillère aux ressources humaines

Marjorie Lajoie
Coordonnatrice à la production

Marie-Ève Desgagnés
Chargée de projets marketing clients

Catherine Mathis
Assistante à la production

Anne-Marie Favreau
Rédactrice en chef culinaire

Rémy Germain
Photographe

Marcel Bernatchez
Directeur de la distribution

Sonia Barbeau
Conceptrice graphique

Marie-Anne Dayé
Rédactrice en chef déco

Raphaële St-Laurent Pelletier
Rédactrice

Annie Gauthier
Conceptrice graphique

Marie-Pier Marceau
Rédactrice

Tout sur la cuisson à la mijoteuse

Tous ceux qui l'ont essayé vous le diront : une fois que l'on a adopté la cuisson à la mijoteuse, on ne s'en passe plus ! Cet outil pratique d'une efficacité redoutable nous permet de concocter une foule de plats (ragoûts, soupes, desserts, etc.) grâce au principe de cuisson lente qui le caractérise. Toutefois, pour pouvoir profiter au maximum de notre mijoteuse, il y a plusieurs principes de base à connaître et trucs pratiques à mettre en application. On vous a préparé un dossier ultracomplet regorgeant d'astuces pour maîtriser la mijoteuse comme un chef.

Avant de pouvoir profiter pleinement des joies de la mijoteuse, il faut bien évidemment s'en procurer une qui correspond à nos besoins. Premièrement, il faut savoir qu'il existe plusieurs grandeurs de mijoteuses, soit de 2, 4, 6 et 8 litres. Certaines recettes présentées dans ce livre offrent un meilleur résultat dans un appareil de taille précise (dans une petite ou dans une grosse mijoteuse). Soyez attentif : si tel est le cas, nous avons indiqué nos conseils dans un encadré à proximité de la recette. Une mijoteuse de 4 litres (16 tasses) est idéale pour cuisiner des portions pour une ou deux personnes, alors qu'un modèle de 6 litres (24 tasses) convient parfaitement lorsque l'on cuisine pour une famille. Pour faire cuire de grosses pièces de viande, comme un poulet entier ou un rôti, les formats de 6 et de 8 litres (24 et 32 tasses) sont à privilégier.

Ensuite, il faut s'attarder aux fonctions de la mijoteuse : idéalement, elle devrait être programmable et équipée d'une minuterie ainsi que d'un réchaud afin que l'on puisse partir l'esprit en paix au travail alors qu'elle s'occupe toute seule de faire cuire notre repas. Une mijoteuse de qualité devrait également posséder les modes de cuisson à haute (300 °F) et à faible intensité (200 °F).

De plus, il est préférable d'opter pour une mijoteuse avec un récipient de forme ovale, qui permet d'y faire cuire de longs morceaux de viande, et avec un couvercle transparent bien hermétique. La plupart des modèles ont un fil électrique relativement court, ce qui réduit considérablement le risque d'accident. Il faut tout de même faire attention lorsque l'on a de jeunes enfants ou des animaux de compagnie à la maison, car le récipient devient très chaud lors de la cuisson.

Toutes les mijoteuses sont différentes !

En fonction de leur format et des matériaux qui les composent, les différents modèles de mijoteuses ne cuisent pas tous de la même façon. Il se peut donc que les temps de cuisson indiqués dans nos recettes varient selon la puissance de votre mijoteuse. Restez à l'affût pour être certain que tout cuise tel que désiré. En cas de doute, consultez le guide d'utilisation de votre mijoteuse pour ajuster le temps de cuisson. À force d'utiliser votre appareil, vous en viendrez à connaître parfaitement son fonctionnement !

Le temps de cuisson des différentes protéines

Maîtriser l'art du temps de cuisson est essentiel pour tout as de la mijoteuse !

Tout d'abord, sachez qu'il est possible de faire cuire du **poisson** et des **fruits de mer** à la mijoteuse, mais qu'il vaut mieux les incorporer uniquement en fin de cuisson afin de préserver leur chair délicate et ainsi éviter qu'elle ne durcisse. On recommande de 30 minutes à 1 heure de cuisson seulement.

Saviez-vous qu'il est également possible de faire cuire du **tofu** à la mijoteuse ? En effet, il remplace parfaitement la viande dans les mijotés pour une délicieuse option végétarienne. Faites-le cuire à basse température de 6 à 8 heures pour une cuisson optimale.

Pour ce qui est de la **volaille**, le temps varie en fonction de la coupe choisie : pour les poitrines, il est suggéré de ne pas dépasser 4 heures de cuisson à basse température, sinon vous risquez de voir la viande se dessécher. Pour ce qui est des cuisses avec la peau, elles peuvent très bien résister à une cuisson prolongée d'environ 5 à 7 heures. Afin de vous assurer que votre volaille est bien cuite, il est possible d'utiliser un thermomètre à cuisson : si celui-ci indique 85 °C (185 °F), c'est signe que c'est cuit !

Pour connaître le temps de cuisson recommandé des autres viandes, jetez un coup d'œil à ce tableau.

Viandes et coupes	Temps de cuisson approximatif
Rôtis, grosses pièces de viande, bœuf, jambon et côtes levées	de 8 à 10 heures
Poulet entier, cubes de viande, côtelettes et viande hachée	de 6 à 8 heures
Agneau et veau	de 5 à 7 heures

Cuire ses légumes à la perfection

Tous les légumes ne sont pas égaux en ce qui a trait à leur temps de cuisson. Certaines variétés, notamment **les légumes-racines** (pommes de terre, navet, carotte, betterave, panais, etc.), nécessitent un temps de cuisson supérieur à celui de la viande. Il est donc recommandé de les couper en petits morceaux de taille équivalente et de les placer le plus près possible de la source de chaleur, c'est-à-dire au fond de la mijoteuse ou le long de ses parois. On place ensuite la viande et le reste de la préparation sur le dessus.

Pour **les légumes très goûteux**, comme le brocoli, le chou-fleur et le chou, on conseille de les ajouter de 1 à 2 heures avant la fin de la cuisson afin d'éviter que leur saveur domine l'entièreté du plat. Il en est de même pour les légumes délicats, comme les épinards, les asperges et les pois mange-tout, qui pourraient autrement être trop cuits ou se transformer en bouillie. Pensez par ailleurs à garder la pelure de vos légumes lors de la cuisson, car c'est cette partie qui contient le plus de vitamines, de minéraux et d'antioxydants.

10 bons gestes à adopter

On pense souvent à tort qu'il suffit de tout mettre dans la mijoteuse pour que notre mets se prépare comme par magie. En réalité, il faut s'assurer de poser certains gestes si l'on veut profiter pleinement des divines saveurs que la mijoteuse a à nous offrir.

1 Retirer le gras et la peau de la viande. Pour optimiser la cuisson, mieux vaut dégraisser la viande, puisque la graisse a tendance à emmagasiner la chaleur. Résultat : il se peut que votre viande soit trop cuite. Du même coup, cela peut vous permettre d'obtenir des plats plus légers, et donc meilleurs pour la santé ! Pour ce qui est de la volaille, on recommande également de la dégraisser et de retirer la peau, laquelle a tendance à friper lors de la cuisson, ou de la faire préalablement dorer.

2 Saler sa viande. En salant la viande, on permet à celle-ci de conserver davantage son jus lors de la cuisson, et donc d'être nettement plus savoureuse. Il suffit de la saler quelques heures avant de la faire revenir dans la poêle. Toutefois, si votre recette contient beaucoup d'ingrédients salés (sauce soya, olives, etc.), il vous faudra alors diminuer la quantité de sel utilisée pour saler la viande, sans quoi vous pourriez vous retrouver avec une mauvaise surprise !

3 Préchauffer la mijoteuse. Voici un secret de chef : préchauffez votre mijoteuse une vingtaine de minutes en prenant soin de mettre environ 2,5 cm (1 po) d'eau bouillante dans le récipient. Ensuite, jetez l'eau et procédez à la cuisson. Ainsi, les aliments commenceront à développer leurs saveurs dès le départ ! Attention toutefois de ne jamais faire chauffer la mijoteuse vide.

4 Ajouter la crème au bon moment. La plupart des produits laitiers (yogourt, lait, crème, crème sure, etc.) ne tolèrent pas bien une cuisson prolongée. Il existe cependant certains produits qui supportent bien un séjour à la mijoteuse, et donc que l'on peut ajouter en début de cuisson. C'est le cas du lait évaporé, du lait concentré non sucré (à ne pas confondre avec le lait concentré sucré, parfois appelé «lait condensé») et du lait de coco lié, c'est-à-dire celui où le lait et la crème de coco sont mélangés (Haiku fait partie des quelques compagnies qui produisent ce type de lait de coco). Si vous n'avez que de la crème ordinaire sous la main, il n'y a pas de raison de s'en passer : pour éviter qu'elle se sépare ou qu'elle caille, ajoutez-la dans la mijoteuse environ 30 minutes avant la fin de la cuisson afin de la réchauffer.

5 Faire attention à la quantité de liquide. Puisque le couvercle de la mijoteuse est très étanche, il se forme beaucoup de condensation lors de la cuisson, et il n'y a pas d'évaporation des liquides, contrairement à la cuisson au four ou sur la cuisinière. Qui plus est, la viande et les légumes libèrent du jus durant le processus de cuisson. Il ne faut donc pas trop mettre de liquide, autrement vous risquez d'obtenir une sauce beaucoup trop claire ou de provoquer un débordement. À l'inverse, une quantité de liquide insuffisante risque de causer l'assèchement des aliments ou la caramélisation des liquides au fond de la mijoteuse. Ainsi, si vous possédez une mijoteuse à grande capacité et que vous y mettez une préparation liquide contenant un ingrédient qui risque de caraméliser (le sirop d'érable, par exemple), veillez à ce que la quantité de liquide au fond de l'appareil soit suffisante. Si ce n'est pas le cas, doublez la quantité de préparation liquide afin d'éviter que le tout ne brûle au fond de la mijoteuse.

6 Remplir adéquatement la mijoteuse. Assurez-vous que votre mijoteuse est remplie au moins à la moitié (pour ne pas obtenir un plat brûlé !) et maximum aux deux tiers de sa capacité pour que le tout cuise bien sans déborder.

7 **Ne pas ouvrir le couvercle lors de la cuisson.** Il peut être tentant d'ouvrir le couvercle de la mijoteuse pour humer le délicieux parfum qui s'en dégage… Mais attention ! Chaque fois que l'on ouvre le couvercle, il faut ajouter 30 minutes supplémentaires de cuisson, puisque c'est environ le temps que cela prend avant que la mijoteuse retrouve la bonne température. C'est d'ailleurs la raison pour laquelle la plupart des mijoteuses ont un couvercle transparent afin que l'on puisse surveiller l'état de notre recette sans avoir à l'enlever. Ainsi, même si ça sent divinement bon, mieux vaut vous abstenir, à moins, bien sûr, que vous deviez ajouter des ingrédients en fin de cuisson.

8 **Faire attention à la fonction « réchaud ».** La plupart des mijoteuses programmables offrent la fonction « réchaud », qui est bien pratique pour que notre recette reste au chaud jusqu'à ce que l'on revienne du travail. Toutefois, il ne faut pas oublier que cette fonction n'arrête pas complètement la cuisson des aliments, alors gare aux abus ! Tâchez de vous en tenir à 1 ou 2 heures au maximum, sinon vous risquez de vous retrouver avec une viande trop cuite et des légumes mous !

9 **Faire décongeler la viande.** Il pourrait être tentant de faire passer notre viande directement du congélateur à la mijoteuse… C'est pourtant une erreur potentiellement grave que vous devriez éviter à tout prix ! La viande, la volaille, le poisson et les fruits de mer doivent obligatoirement être décongelés avant d'être déposés dans la mijoteuse. Dans le cas contraire, les aliments resteraient trop longtemps à une température où le risque de prolifération des bactéries est largement augmenté.

10 **Saisir la viande et les légumes.** Cette étape souvent délaissée n'est pas essentielle pour réussir une recette, mais si vous avez le temps, elle vous permettra d'obtenir un mijoté immensément plus goûteux ! Pour ce faire, faites dorer votre **viande** quelques minutes de chaque côté dans une poêle avec un peu de beurre ou d'huile avant de l'ajouter dans la mijoteuse. Cela permettra à la viande de libérer toute sa saveur, en plus de lui conférer une texture beaucoup plus agréable. Pour rehausser davantage le goût de vos recettes, faites également revenir **les oignons, l'ail et les autres légumes** dans la poêle avant la cuisson à la mijoteuse. Et surtout, n'oubliez pas de déglacer votre poêle afin de récupérer les résidus caramélisés et de les ajouter au contenu de votre mijoteuse : c'est le secret pour obtenir le meilleur goût possible !

L'une de nos testeuses a vécu une expérience plutôt décevante : après avoir déposé les ingrédients de la recette de fèves au lard (page 196) dans sa mijoteuse de 4 litres, le liquide atteignait le rebord de l'appareil. Or, lorsqu'elle est revenue à la maison après le boulot, la moitié du liquide s'était répandu sur le sol. Quel gâchis ! Pour éviter que cela se produise, retirez une partie de la préparation de votre mijoteuse si celle-ci est trop chargée, en vous assurant de retirer une quantité proportionnelle d'aliments solides et liquides – surtout si la recette contient des aliments qui nécessitent l'absorption de liquide pour cuire. S'il s'agit d'un bouilli ou d'une soupe, il suffit de retirer un peu de liquide, et le tour est joué !

Les meilleures coupes de viande

Ce qui est magique avec la cuisson lente, c'est qu'elle peut attendrir n'importe quelle pièce de viande, aussi coriace soit-elle. On peut donc en profiter pour utiliser les coupes de viande moins tendres, qui sont souvent les moins chères ! Voici quelques coupes de viande qui conviennent parfaitement à la cuisson à la mijoteuse.

Type de viande	Coupes à privilégier
Bœuf	Rôti d'épaule, rôti de côtes croisées, rôti de palette, cubes à ragoût, jarrets, poitrine, pointe de poitrine désossée, joue, bœuf haché maigre
Veau	Rôti d'épaule, rôti de côtes croisées, rôti de palette, cubes à ragoût, jarrets, poitrine, pointe de poitrine désossée, joue, veau haché
Porc	Épaule (palette ou picnic), jarrets, côtes de flanc, côtes de dos, jambon, longe, cubes d'épaule, cubes de fesse, côtelettes de longe, joue, côtes levées, porc haché maigre
Agneau	Cubes à ragoût, jarrets, épaule (désossée ou non), gigot, collier (ou collet)
Gibier	Cubes à ragoût, épaule
Poulet et dindon	Poulet entier, cuisses, hauts de cuisses, viande hachée maigre

Pas de gaspillage !

Riche des saveurs de la viande, des légumes et des autres aliments qui ont longuement mijoté, le bouillon qui demeure au fond de votre mijoteuse à la fin de la cuisson est précieux ! Conservez-le au frigo ou dans un contenant hermétique au congélateur pour un prochain repas. Il pourra entre autres servir de bouillon pour les soupes et potages en tout genre.

Prendre de l'avance

La mijoteuse est un merveilleux outil pour se simplifier la vie les jours de semaine. Pour gagner encore davantage en efficacité, pensez à préparer vos ingrédients la veille ! Coupez votre viande et vos légumes, et conservez-les dans des contenants hermétiques séparés jusqu'à la préparation du lendemain. Il ne faut toutefois pas faire saisir votre viande la veille, puisque cela favorise la prolifération bactérienne.

Du riz à la mijoteuse, oui c'est possible !

Qui a dit que l'on ne pouvait pas faire cuire du riz à la mijoteuse ? Sachez que c'est tout à fait possible quand on a la bonne méthode ! Cette dernière variera selon la variété sélectionnée : le riz étuvé à grains longs (de type Uncle Ben's) peut être ajouté au contenu de la mijoteuse dès le début de la cuisson lorsque l'on prend soin de prévoir la même quantité de liquide que de riz. Le riz arborio convient aussi pour la cuisson à la mijoteuse : puisqu'il est long à cuire, il absorbe la saveur des aliments. C'est d'ailleurs la variété de riz utilisée pour notre recette de pouding au riz présentée à la page 212. Pour tous les autres types de riz, vaut mieux s'en tenir à une cuisson à part et l'ajouter à la mijoteuse en fin de cuisson seulement !

Congélo sauve-la-vie

Pour faire des provisions de mets longuement mitonnés, pensez au congélo ! Vous pouvez même congeler tous vos ingrédients dans un même sac afin de pouvoir transférer son contenu dans la mijoteuse en deux temps trois mouvements lors des semaines pressées. L'important pour s'assurer d'obtenir un résultat satisfaisant, c'est d'opter pour des sacs hermétiques conçus pour supporter la congélation. Ainsi, vous éviterez que vos aliments absorbent les odeurs du congélo ou que le sac cède en cours de congélation. En quête d'idées de recettes à ensacher ? Rendez-vous dans la section « Sacs à congeler » aux pages 112 à 139 !

S.O.S., j'ai raté mon mijoté!

La sauce est trop liquide ou, au contraire, trop épaisse? Votre mijoté est trop salé ou fade? Ne jetez pas le contenu de votre mijoteuse à la poubelle, vous pouvez facilement rattraper le tout!

Plusieurs options s'offrent à vous pour **épaissir une sauce** trop liquide. Vous pouvez tout d'abord enlever le couvercle de la mijoteuse, retirer la viande et les légumes (pour éviter qu'ils cuisent trop), puis faire bouillir votre mijoté à intensité élevée jusqu'à ce que la sauce réduise. Il est aussi possible d'ajouter un agent épaississant à votre sauce, tel que de la farine, de la fécule de maïs ou un épaississant instantané.

Si votre mijoté est **trop épais**, vous n'avez qu'à lui ajouter un peu de liquide (bouillon, vin, eau, etc.), et le tour est joué!

Si vous réalisez que votre mijoté est **trop salé**, pas de panique! Il est encore possible de le récupérer en plongeant une pomme de terre pelée au centre du contenu de la mijoteuse et en prolongeant un peu la cuisson: la pomme de terre absorbera le surplus de sodium. Vous n'avez qu'à la retirer avant de servir votre mijoté. Ni vu ni connu!

Ça y est, votre mijoté est enfin prêt! En le goûtant avant de le servir, vous réalisez qu'il est un peu **fade**? Vous avez probablement tout ce qu'il faut à la maison pour rehausser le tout ou lui ajouter un peu de texture: noix grillées, herbes fraîches, croûtons, crème sure, fromage, chapelure... Laissez aller votre imagination!

Adapter ses recettes pour la mijoteuse

Pratiquement toutes les recettes à la poêle, à la casserole ou au four peuvent être adaptées pour la cuisson à la mijoteuse, à condition de respecter quelques principes de base bien simples.

Tout d'abord, selon la recette, on doit généralement diminuer la quantité de liquide de la recette originale, puisque les liquides ne s'évaporent pas dans la mijoteuse, contrairement à la cuisson au four ou sur la cuisinière. Cette règle s'applique surtout pour les mijotés, les bouillis et les braisés, pour lesquels on peut parfois diminuer de moitié la quantité de liquide.

Il faut ensuite ajuster le temps de cuisson, qui, selon la recette, devra être triplé ou même quadruplé. Le mode de cuisson à intensité élevée d'une mijoteuse chauffe à environ 150 °C (300 °F), alors que le mode à faible intensité chauffe à environ 90 °C (200 °F). Il faut savoir que la cuisson à faible intensité convient à la plupart des recettes et que la cuisson à intensité élevée peut faire durcir la viande.

Voici un petit tableau pratique pour passer de la cuisson au four à la cuisson à la mijoteuse:

Cuisson au four	Mijoteuse à intensité élevée	Mijoteuse à faible intensité
de 15 à 30 minutes	de 1 à 2 heures	de 4 à 6 heures
de 35 minutes à 1 heure	de 2 à 3 heures	de 5 à 7 heures
de 1 à 2 heures	de 3 à 4 heures	de 6 à 8 heures

Savoureux
classiques

Quoi de plus exquis que l'arôme d'un bœuf braisé, d'un pain de viande ou d'un jambon bière et érable qui titille nos narines dès le retour du boulot ? Parce que oui, grâce à la magique mijoteuse, ces savoureux classiques, auxquels se joignent côtes levées, porc effiloché, boulettes suédoises et chili, cuisent la journée durant pour mieux régaler la maisonnée au souper.

Mijoté de bœuf aux légumes

Préparation **20 minutes** / Cuisson à faible intensité **7 heures** / Quantité **4 portions**

PAR PORTION	
Calories	545
Protéines	45 g
M.G.	19 g
Glucides	48 g
Fibres	6 g
Fer	6 mg
Calcium	91 mg
Sodium	958 mg

4 carottes pelées et coupées en morceaux

450 g (1 lb) de pommes de terre grelots

½ navet coupé en dés

1 bouteille de jus de carottes de 450 ml

1 sachet de soupe à l'oignon de 28 g

Sel et poivre au goût

750 g (environ 1 ⅔ lb) de cubes de bœuf à ragoût

30 ml (2 c. à soupe) de beurre

½ contenant de champignons de 227 g, coupés en quartiers

15 ml (1 c. à soupe) d'ail haché

30 ml (2 c. à soupe) de farine

1. Dans la mijoteuse, déposer les carottes, les pommes de terre, le navet, le jus de carottes et la soupe à l'oignon.

2. Saler et poivrer les cubes de bœuf.

3. Dans une poêle, faire fondre le beurre à feu moyen-élevé. Faire dorer les cubes de bœuf de 3 à 4 minutes sur toutes les faces.

4. Déposer les cubes de bœuf dans la mijoteuse.

5. Dans la même poêle, cuire les champignons de 3 à 4 minutes.

6. Ajouter l'ail et poursuivre la cuisson 30 secondes.

7. Saupoudrer de farine et cuire 1 minute en remuant.

8. Transférer la préparation aux champignons dans la mijoteuse. Saler et poivrer.

9. Couvrir et cuire à faible intensité de 7 à 8 heures.

Bouilli de bœuf et légumes

Préparation **15 minutes** / Cuisson à faible intensité **7 heures** / Quantité **4 portions**

PAR PORTION	
Calories	594
Protéines	50 g
M.G.	18 g
Glucides	61 g
Fibres	9 g
Fer	8 mg
Calcium	140 mg
Sodium	610 mg

Sel et poivre au goût

1 rôti de palette
de bœuf sans os de 800 g
(environ 1 ¾ lb)

15 ml (1 c. à soupe)
d'huile d'olive

4 pommes de terre coupées
en cubes

2 carottes coupées
en gros morceaux

2 panais coupés
en gros morceaux

1 oignon coupé en morceaux

1 poireau coupé en rondelles

¼ de chou vert coupé
en morceaux

250 ml (1 tasse) de haricots
jaunes coupés en tronçons

500 ml (2 tasses) de bouillon
de bœuf

10 ml (2 c. à thé) d'ail haché

5 ml (1 c. à thé) de thym haché

5 ml (1 c. à thé)
de romarin haché

2,5 ml (½ c. à thé)
de poivre de la Jamaïque
(quatre-épices) moulu

1 feuille de laurier

1. Saler et poivrer le rôti
de palette.

2. Dans une grande poêle,
chauffer l'huile à feu moyen.
Faire dorer le rôti de palette
de 2 à 3 minutes de chaque
côté. Déposer dans la
mijoteuse.

3. Ajouter le reste des ingrédients dans la mijoteuse.

4. Couvrir et cuire à faible
intensité de 7 à 8 heures.

5. Retirer le rôti de palette
de la mijoteuse et le couper
en gros morceaux. Servir
avec les légumes et un peu
de jus de cuisson.

Porc effiloché à la sauce barbecue

Préparation **40 minutes** / Cuisson à faible intensité **7 heures** / Quantité **4 portions**

PAR PORTION	
Calories	311
Protéines	31 g
M.G.	10 g
Glucides	24 g
Fibres	4 g
Fer	3 mg
Calcium	70 mg
Sodium	701 mg

1 rôti d'épaule de porc picnic avec os de 1 kg (environ 2 ¼ lb), couenne retirée

15 ml (1 c. à soupe) d'huile d'olive

Pour la marinade sèche :

15 ml (1 c. à soupe) de paprika fumé doux

15 ml (1 c. à soupe) de poudre d'oignons

5 ml (1 c. à thé) de poudre d'ail

Sel et poivre au goût

Pour la sauce barbecue :

1 oignon haché

60 ml (¼ de tasse) de ketchup

60 ml (¼ de tasse) de sauce chili

60 ml (¼ de tasse) de vinaigre de cidre

60 ml (¼ de tasse) de compote de pommes non sucrée

15 ml (1 c. à soupe) de moutarde de Dijon

15 ml (1 c. à soupe) de mélasse

15 ml (1 c. à soupe) de sauce Worcestershire

15 ml (1 c. à soupe) de poudre de chili

15 ml (1 c. à soupe) d'ail haché

Sel et poivre au goût

1. Dans un bol, mélanger les ingrédients de la marinade sèche.

2. Frotter les deux côtés du rôti avec la marinade sèche.

3. Dans la mijoteuse, mélanger les ingrédients de la sauce barbecue.

4. Dans une grande poêle, chauffer l'huile d'olive à feu moyen. Saisir le rôti de 2 à 3 minutes de chaque côté.

5. Déposer le rôti dans la mijoteuse. Remuer pour bien enrober la viande de sauce.

6. Couvrir et cuire à faible intensité de 7 à 8 heures.

7. Retirer le rôti de la mijoteuse et effilocher la chair à l'aide d'une fourchette. Jeter l'os.

8. Remettre la viande effilochée dans la mijoteuse et remuer.

Bœuf bourguignon

Préparation **20 minutes** / Cuisson à faible intensité **7 heures** / Quantité **4 portions**

PAR PORTION	
Calories	439
Protéines	38 g
M.G.	20 g
Glucides	19 g
Fibres	3 g
Fer	4 mg
Calcium	55 mg
Sodium	791 mg

15 ml (1 c. à soupe)
d'huile d'olive

600 g (environ 1 ⅓ lb)
de cubes de bœuf à ragoût

15 ml (1 c. à soupe) d'ail haché

4 tranches de bacon
coupées en dés

1 contenant de champignons
de 227 g, coupés en deux

Sel et poivre au goût

3 carottes coupées
en morceaux

12 oignons perlés
(non marinés) pelés

125 ml (½ tasse) de vin rouge

250 ml (1 tasse)
de sauce demi-glace

30 ml (2 c. à soupe) de pâte
de tomates

15 ml (1 c. à soupe)
de sauce Worcestershire

2,5 ml (½ c. à thé)
de thym haché

1 feuille de laurier

30 ml (2 c. à soupe)
de persil haché

1. Dans une grande poêle, chauffer l'huile à feu moyen. Faire dorer les cubes de bœuf sur toutes les faces de 3 à 4 minutes.

2. Ajouter l'ail et poursuivre la cuisson 30 secondes. Transférer les cubes de bœuf dans la mijoteuse.

3. Dans la même poêle, cuire le bacon de 4 à 5 minutes à feu moyen, jusqu'à ce qu'il soit doré. Transférer le bacon dans la mijoteuse.

4. Retirer le surplus de gras de la poêle, puis y cuire les champignons de 5 à 7 minutes. Transférer les champignons dans la mijoteuse. Saler et poivrer.

5. Dans la mijoteuse, ajouter les carottes, les oignons perlés, le vin rouge, la sauce demi-glace, la pâte de tomates, la sauce Worcestershire, le thym et le laurier. Remuer.

6. Couvrir et cuire à faible intensité de 7 à 8 heures.

7. Au moment de servir, garnir de persil.

❝ Lorsque j'ai fait cette recette, je me demandais ce qu'étaient les oignons perlés. J'ai maintenant réponse à ma question ! Il s'agit de petits oignons blancs crus recouverts de pelure que l'on trouve dans la section des fruits et légumes, et non de petits oignons marinés en pot comme on pourrait le penser. Pour cuisiner le bœuf bourguignon, on devrait toujours employer des oignons perlés non marinés. ❞

Marie-Ève avait une malédiction qui lui collait à la peau, celle de toujours faire brûler le contenu de sa mijoteuse. Heureusement, elle a persévéré et a fini par apprivoiser sa mijoteuse grâce à laquelle elle prépare maintenant de bons petits plats avec l'aide de son colocataire et ami Antoine.

Pain de viande

Préparation **15 minutes** / Cuisson à faible intensité **6 heures** / Quantité **4 portions**

PAR PORTION	
Calories	526
Protéines	34 g
M.G.	26 g
Glucides	37 g
Fibres	2 g
Fer	4 mg
Calcium	82 mg
Sodium	959 mg

300 g (²/₃ de lb) de bœuf haché mi-maigre

300 g (²/₃ de lb) de porc haché

125 ml (½ tasse) de chapelure assaisonnée à l'italienne

45 ml (3 c. à soupe) de ketchup

15 ml (1 c. à soupe) de sauce Worcestershire

15 ml (1 c. à soupe) de poudre de chili

5 ml (1 c. à thé) de moutarde de Dijon

1 oignon haché

1 œuf

Sel et poivre au goût

80 ml (⅓ de tasse) de sauce barbecue

30 ml (2 c. à soupe) de sirop d'érable

250 ml (1 tasse) de bouillon de poulet

1. Dans un bol, mélanger le bœuf haché avec le porc haché, la chapelure, le ketchup, la sauce Worcestershire, la poudre de chili, la moutarde de Dijon, l'oignon et l'œuf. Saler et poivrer.

2. Dans un autre bol, mélanger la sauce barbecue avec le sirop d'érable.

3. Façonner la préparation à la viande en forme de pain de viande. Déposer le pain de viande dans la mijoteuse. Verser le bouillon de poulet autour du pain de viande. Badigeonner le pain de viande de sauce barbecue.

4. Couvrir et cuire à faible intensité de 6 à 7 heures.

Bœuf braisé à l'italienne

Préparation **20 minutes** / Cuisson à faible intensité **7 heures** / Quantité **4 portions**

PAR PORTION	
Calories	806
Protéines	54 g
M.G.	19 g
Glucides	103 g
Fibres	15 g
Fer	9 mg
Calcium	157 mg
Sodium	1093 mg

Sel et poivre au goût

1 rôti de palette de bœuf sans os de 800 g (environ 1 ¾ lb)

15 ml (1 c. à soupe) d'huile d'olive

2 carottes coupées en dés

2 branches de céleri coupées en dés

1 oignon coupé en dés

15 ml (1 c. à soupe) d'ail haché

125 ml (½ tasse) de vin blanc

12 pommes de terre grelots coupées en deux

1 sachet de sauce demi-glace de 34 g

1 boîte de tomates en dés de 540 ml, égouttées

30 ml (2 c. à soupe) de pâte de tomates

5 ml (1 c. à thé) de thym haché

1 feuille de laurier

1. Saler et poivrer le rôti de palette.

2. Dans une grande poêle, chauffer l'huile à feu moyen. Faire dorer le rôti de palette de 2 à 3 minutes de chaque côté. Transférer dans la mijoteuse.

3. Dans la même poêle, cuire les carottes, le céleri et l'oignon de 2 à 3 minutes.

4. Ajouter l'ail dans la poêle et poursuivre la cuisson 1 minute.

5. Verser le vin blanc dans la poêle et laisser mijoter jusqu'à évaporation presque complète du liquide. Transférer dans la mijoteuse.

6. Ajouter les pommes de terre grelots, la sauce demi-glace, les tomates en dés, la pâte de tomates, le thym et le laurier dans la mijoteuse. Saler et poivrer.

7. Couvrir et cuire à faible intensité de 7 à 8 heures.

Jambon bière et érable

Préparation **10 minutes** / Cuisson à faible intensité **10 heures** / Quantité **12 portions**

PAR PORTION	
Calories	506
Protéines	40 g
M.G.	27 g
Glucides	20 g
Fibres	0 g
Fer	1 mg
Calcium	59 mg
Sodium	249 mg

1 épaule de porc fumée picnic avec os de 3,5 kg (environ 7 ¾ lb)

30 ml (2 c. à soupe) de moutarde de Dijon

1 canette de bière blonde ou rousse de 473 ml

250 ml (1 tasse) de sirop d'érable

3 à 4 clous de girofle

1. Déposer l'épaule de porc dans la mijoteuse, puis la badigeonner de moutarde.

2. Ajouter la bière, le sirop d'érable et les clous de girofle dans la mijoteuse.

3. Remplir la mijoteuse d'eau jusqu'à quelques centimètres du bord.

4. Couvrir et cuire à faible intensité 10 heures.

J'ai trouvé cette recette tellement bonne que c'est devenu ma référence pour cuisiner du jambon à la bière et à l'érable ! Pour la préparer, j'ai utilisé une bière rousse de microbrasserie. Le jambon que j'avais acheté était trop gros, alors je l'ai coupé en deux et la quantité était parfaite pour ma mijoteuse !

Caty, avec son emploi de chef d'entreprise et son rôle de maman à temps plein, apprécie le côté pratique et efficace de la mijoteuse. Pour elle, rien n'égale l'odeur d'un mijoté cuit juste à point pour l'accueillir au retour d'une longue journée de travail. Ça, et le sourire sur le visage de Gabrielle et Jérôme, ses enfants, lorsqu'ils dégustent leur repas !

Bœuf Stroganoff

Préparation **25 minutes** / Cuisson à faible intensité **7 heures 10 minutes** / Quantité **4 portions**

PAR PORTION	
Calories	582
Protéines	51 g
M.G.	26 g
Glucides	16 g
Fibres	3 g
Fer	6 mg
Calcium	88 mg
Sodium	712 mg

30 ml (2 c. à soupe)
d'huile d'olive

750 g (environ 1 ⅔ lb) de steaks
de surlonge de bœuf coupés
en lanières

125 ml (½ tasse) de lardons
fumés

180 ml (¾ de tasse)
de vin rouge

45 ml (3 c. à soupe) de farine

250 ml (1 tasse) de bouillon
de bœuf

30 ml (2 c. à soupe) de
moutarde de Dijon

1 oignon haché

15 ml (1 c. à soupe) d'ail haché

1 contenant
de champignons
de 227 g, coupés
en quartiers

5 ml (1 c. à thé)
de paprika

Sel et poivre au goût

125 ml (½ tasse)
de crème sure 14 %

45 ml (3 c. à soupe)
de persil haché

1. Dans une poêle, chauffer l'huile à feu moyen. Faire dorer les steaks de 1 à 2 minutes de chaque côté. Couper les steaks en lanières. Déposer dans la mijoteuse.

2. Dans la même poêle, cuire les lardons de 3 à 4 minutes. Transférer les lardons dans la mijoteuse.

3. Retirer l'excédent de gras de la poêle, puis y ajouter le vin rouge. Laisser mijoter jusqu'à ce que le liquide ait réduit de moitié.

4. Ajouter la farine dans la poêle en fouettant.

5. Transférer la préparation au vin rouge dans la mijoteuse. Ajouter le bouillon de bœuf, la moutarde, l'oignon, l'ail, les champignons et le paprika. Saler, poivrer et remuer.

6. Couvrir et cuire à faible intensité de 7 à 8 heures.

7. Incorporer la crème sure. Couvrir et poursuivre la cuisson à faible intensité 10 minutes.

8. Au moment de servir, parsemer de persil.

Chili au bœuf et au veau

Préparation **35 minutes** / Cuisson à faible intensité **6 heures** / Quantité **4 portions**

PAR PORTION	
Calories	596
Protéines	42 g
M.G.	29 g
Glucides	44 g
Fibres	13 g
Fer	7 mg
Calcium	141 mg
Sodium	1055 mg

15 ml (1 c. à soupe) d'huile d'olive

300 g (⅔ de lb) de bœuf haché mi-maigre

300 g (⅔ de lb) de veau haché

1 oignon haché

45 ml (3 c. à soupe) de poudre de chili

15 ml (1 c. à soupe) d'ail haché

500 ml (2 tasses) de sauce tomate

2 tomates coupées en dés

3 demi-poivrons de couleurs variées coupés en dés

1 boîte de haricots rouges de 540 ml, rincés et égouttés

250 ml (1 tasse) de maïs en grains

Sel et poivre au goût

Pour la garniture :

80 ml (⅓ de tasse) de crème sure 14 %

30 ml (2 c. à soupe) de coriandre hachée

10 ml (2 c. à thé) de zestes de lime

½ piment jalapeño épépiné et haché (facultatif)

Sel au goût

1. Dans une grande poêle, chauffer l'huile à feu moyen. Cuire le bœuf haché, le veau haché et l'oignon de 4 à 5 minutes en égrainant la viande à l'aide d'une cuillère en bois.

2. Ajouter la poudre de chili et l'ail. Poursuivre la cuisson 1 minute.

3. Transférer la préparation dans la mijoteuse. Ajouter la sauce tomate, les tomates, les poivrons, les haricots rouges et le maïs. Saler, poivrer et remuer.

4. Couvrir et cuire de 6 à 7 heures à faible intensité.

5. Au moment de servir, mélanger les ingrédients de la garniture dans un bol. Servir avec le chili.

" J'ai toujours adoré le chili, c'est une de mes recettes **comfort food** *préférées ! Cette recette à la mijoteuse est vraiment délicieuse et rapide à préparer. En plus, ça sent tellement bon quand je rentre du boulot ! J'adore ! "*

Catherine a un rêve, celui de devenir la reine du congélateur. Bien qu'elle soit dans ses premières expériences avec la mijoteuse, elle a tout de suite adopté cet outil qui lui permet de préparer de grandes quantités à congeler afin qu'elle et son amoureux Olivier aient toujours de bons petits plats à portée de la main.

Côtes levées barbecue

Préparation **15 minutes** / Marinage **1 heure** / Cuisson à faible intensité **7 heures**
Quantité **4 portions**

PAR PORTION	
Calories	1219
Protéines	85 g
M.G.	79 g
Glucides	39 g
Fibres	6 g
Fer	6 mg
Calcium	203 mg
Sodium	2 972 mg

2,3 kg (5 lb) de côtes levées de dos de porc

Pour la marinade sèche :

60 ml (¼ de tasse) de cassonade

15 ml (1 c. à soupe) de poudre de chili

15 ml (1 c. à soupe) de sel

7,5 ml (½ c. à soupe) de poivre

5 ml (1 c. à thé) de poudre d'oignons

Pour la sauce barbecue :

1 boîte de tomates broyées de 540 ml

80 ml (⅓ de tasse) de ketchup

60 ml (¼ de tasse) de cassonade

80 ml (⅓ de tasse) de sauce chili

45 ml (3 c. à soupe) de vinaigre de vin rouge

15 ml (1 c. à soupe) de moutarde en poudre

Sel et poivre au goût

1. Dans un bol, mélanger les ingrédients de la marinade sèche.

2. Frotter les deux côtés des côtes levées avec la marinade sèche. Laisser mariner au frais de 1 à 2 heures.

3. Au moment de la cuisson, couper les côtes levées en tronçons.

4. Dans un autre bol, déposer les ingrédients de la sauce barbecue. À l'aide du mélangeur-plongeur, donner quelques impulsions jusqu'à l'obtention d'une préparation presque homogène. Transférer la sauce dans la mijoteuse.

5. Ajouter les côtes levées dans la mijoteuse et remuer pour bien les enrober de sauce.

6. Couvrir et cuire à faible intensité de 7 à 8 heures.

Rôti de palette oignon et moutarde

Préparation **15 minutes** / Cuisson à faible intensité **8 heures** / Quantité **4 portions**

PAR PORTION	
Calories	528
Protéines	48 g
M.G.	32 g
Glucides	10 g
Fibres	2 g
Fer	5 mg
Calcium	30 mg
Sodium	1960 mg

30 ml (2 c. à soupe) de
moutarde à l'ancienne

30 ml (2 c. à soupe)
de moutarde de Dijon

1 sachet de soupe
à l'oignon de 55 g

60 ml (¼ de tasse)
de beurre ramolli

5 ml (1 c. à thé) de thym séché

15 ml (1 c. à soupe) d'huile
de canola

1 rôti de palette de bœuf
désossé de 900 g (environ 2 lb)

125 ml (½ tasse) de bouillon
de bœuf

1. Dans un bol, mélanger les
deux sortes de moutarde
avec le sachet de soupe à
l'oignon, le beurre ramolli
et le thym.

2. Dans une poêle, chauffer
l'huile à feu moyen. Saisir
le rôti de 1 à 2 minutes de
chaque côté.

3. Badigeonner le rôti avec
la préparation à la mou-
tarde. Déposer la viande
dans la mijoteuse. Verser
le bouillon de bœuf.

4. Couvrir et cuire à faible
intensité de 8 à 10 heures,
jusqu'à ce que la viande
se défasse facilement à
la fourchette.

*Mes enfants ont adoré
cette recette. En plus, elle
est super simple à faire !
Quand le rôti de palette
vient en rabais à l'épicerie,
j'en profite ! Avoir un
repas tout prêt quand on
revient du travail, ça n'a
pas de prix !*

Maude est une grande adepte
de la mijoteuse. Chez elle, c'est
un outil incontournable qui sert
plusieurs fois par semaine. Ses
enfants, Malcom, 2 ans, et Flora,
4 ½ ans, participent avec enthou-
siasme à la préparation des repas à
la mijoteuse, puisque c'est simple
et sécuritaire. D'ailleurs, Flora
adore rentrer de la garderie et
sentir l'odeur du souper déjà prêt !

Boulettes suédoises

Préparation **20 minutes** / Cuisson à faible intensité **4 heures 15 minutes**
Quantité **4 portions**

PAR PORTION	
Calories	413
Protéines	26 g
M.G.	28 g
Glucides	12 g
Fibres	1 g
Fer	3 mg
Calcium	51 mg
Sodium	397 mg

450 g (1 lb) de bœuf haché
mi-maigre

60 ml (¼ de tasse)
de chapelure nature

½ petit oignon haché finement

1 œuf battu

30 ml (2 c. à soupe) de lait 2 %

2,5 ml (½ c. à thé) de poivre
de la Jamaïque (quatre-épices)

1 pincée de muscade moulue

Sel et poivre au goût

30 ml (2 c. à soupe) de beurre

30 ml (2 c. à soupe) de farine

250 ml (1 tasse) de bouillon
de bœuf

60 ml (¼ de tasse) de crème
à cuisson 35 %

1. Dans un bol, mélanger
le bœuf haché avec la
chapelure, l'oignon, l'œuf
battu, le lait, le poivre de la
Jamaïque et la muscade.
Saler et poivrer.

2. Façonner des boulettes
en utilisant environ 30 ml
(2 c. à soupe) de préparation
pour chacune d'elles.

3. Dans une grande poêle,
faire fondre le beurre à feu
moyen. Faire dorer les boulettes sur toutes les faces
de 4 à 5 minutes. Transférer
dans la mijoteuse.

4. Dans la même poêle,
verser la farine et cuire
1 minute en remuant.

5. Ajouter le bouillon dans
la poêle et porter à ébullition en fouettant.

6. Verser la sauce dans la
mijoteuse. Couvrir et cuire
à faible intensité de 4 à
5 heures.

7. Ajouter la crème. Couvrir
et poursuivre la cuisson à
faible intensité 15 minutes.
Saler et poivrer.

8 heures
top chrono

Le secret des mets mijotés aux effluves envoûtants et goûteux à souhait ? Une cuisson à faible intensité huit heures durant – le temps d'une journée de travail ou d'une escapade en famille – qui garantit aux aliments d'amalgamer, lentement mais sûrement, tous leurs arômes et saveurs ! Au menu ici : osso buco, soupe aux pois, bœuf africain, cigares au chou et Cie.

Mijoté de porc aux patates douces

Préparation **20 minutes** / Cuisson à faible intensité **8 heures** / Quantité **4 portions**

PAR PORTION	
Calories	503
Protéines	46 g
M.G.	15 g
Glucides	44 g
Fibres	3 g
Fer	4 mg
Calcium	84 mg
Sodium	1145 mg

2 patates douces pelées et coupées en cubes

795 g (1 ¾ lb) de cubes de porc à ragoût

30 ml (2 c. à soupe) d'huile de canola

12 à 16 oignons perlés (non marinés) pelés

10 ml (2 c. à thé) d'ail haché

2 branches de céleri émincées

60 ml (¼ de tasse) de farine

1 litre (4 tasses) de bouillon de poulet

80 ml (⅓ de tasse) de sirop d'érable

1 feuille de laurier

1 tige de romarin

Sel et poivre au goût

1. Déposer les patates douces dans la mijoteuse.

2. Assécher la viande à l'aide de papier absorbant.

3. Dans une casserole, chauffer la moitié de l'huile à feu moyen. Faire dorer les cubes de viande de 2 à 3 minutes. Transférer dans la mijoteuse.

4. Dans la même casserole, cuire les oignons perlés, l'ail et le céleri de 2 à 3 minutes. Saupoudrer de farine et remuer. Transférer dans la mijoteuse.

5. Ajouter le bouillon de poulet, le sirop d'érable et les fines herbes dans la mijoteuse. Saler, poivrer et remuer. Couvrir et cuire de 8 à 10 heures à faible intensité.

PAR PORTION	
Calories	831
Protéines	53 g
M.G.	22 g
Glucides	103 g
Fibres	11 g
Fer	9 mg
Calcium	115 mg
Sodium	1361 mg

Rôti de palette
à la crème de céleri et oignon

Préparation **15 minutes** / Cuisson à faible intensité **8 heures** / Quantité **4 portions**

Sel et poivre au goût

800 g (environ 1 ¾ lb) de rôti de palette de bœuf sans os

15 ml (1 c. à soupe) d'huile d'olive

2 grosses carottes coupées en tronçons

10 à 12 pommes de terre grelots coupées en deux

Pour la sauce :

1 boîte de crème de céleri de 284 ml

250 ml (1 tasse) de bière blonde

1 sachet de soupe à l'oignon de 28 g

1. Dans la mijoteuse, mélanger les ingrédients de la sauce.

2. Saler et poivrer le rôti de palette.

3. Dans une grande poêle, chauffer l'huile à feu moyen. Cuire le rôti de 2 à 3 minutes de chaque côté. Transférer dans la mijoteuse.

4. Ajouter les carottes et les pommes de terre dans la mijoteuse. Couvrir et cuire 8 heures à faible intensité.

Osso buco de porc

Préparation **20 minutes** / Cuisson à faible intensité **8 heures** / Quantité **4 portions**

PAR PORTION	
Calories	694
Protéines	60 g
M.G.	37 g
Glucides	25 g
Fibres	4 g
Fer	9 mg
Calcium	120 mg
Sodium	714 mg

Sel et poivre au goût

8 petites tranches de jarrets de porc de 4 cm (1 ½ po) d'épaisseur chacune

60 ml (¼ de tasse) de farine

15 ml (1 c. à soupe) d'huile d'olive

1 oignon haché

2 branches de céleri hachées

1 carotte coupée en dés

15 ml (1 c. à soupe) d'ail haché

125 ml (½ tasse) de vin rouge

1 boîte de tomates en dés avec assaisonnements italiens de 540 ml

80 ml (⅓ de tasse) de pâte de tomates

1. Saler et poivrer les jarrets de porc.

2. Dans une assiette creuse, verser la farine. Fariner les jarrets et secouer pour retirer l'excédent.

3. Dans une grande poêle, chauffer la moitié de l'huile à feu moyen. Cuire les jarrets de porc de 2 à 3 minutes de chaque côté. Réserver dans une assiette.

4. Dans la même poêle, chauffer le reste de l'huile à feu moyen. Cuire l'oignon, le céleri, la carotte et l'ail de 2 à 3 minutes.

5. Ajouter le vin rouge et laisser mijoter jusqu'à ce que le liquide ait réduit de moitié.

6. Transférer la préparation au vin rouge dans la mijoteuse. Ajouter les tomates en dés et la pâte de tomates. Remuer. Ajouter les jarrets de porc.

7. Couvrir et cuire 8 heures à faible intensité.

Cette recette est délicieuse servie avec des pâtes. En plus, c'est super facile à cuisiner. À refaire absolument!

Marie-Ève adore essayer de nouvelles recettes. C'était la première fois qu'elle cuisinait des jarrets de porc, et elle n'a pas été déçue !

Soupe aux pois

Préparation **15 minutes** / Trempage **10 heures**
Cuisson à faible intensité **8 heures** / Quantité **4 portions**

PAR PORTION	
Calories	432
Protéines	33 g
M.G.	5 g
Glucides	67 g
Fibres	7 g
Fer	5 mg
Calcium	62 mg
Sodium	2 407 mg

375 ml (1 ½ tasse) de pois
jaunes secs entiers

300 g (²/₃ de lb) de jambon
fumé coupé en dés

1,5 litre (6 tasses) de bouillon
de poulet

15 ml (1 c. à soupe)
de sirop d'érable

7,5 ml (½ c. à soupe)
d'herbes salées, rincées

2 carottes coupées en dés

1 oignon haché

1 branche de céleri
coupée en dés

1 feuille de laurier

Sel et poivre au goût

1. La veille de la cuisson,
déposer les pois dans un
grand bol et couvrir d'eau
froide. Couvrir et laisser
tremper de 10 à 12 heures.

2. Au moment de la cuisson, égoutter les pois et les
déposer dans la mijoteuse.
Jeter l'eau de trempage.

3. Ajouter le reste des
ingrédients dans la
mijoteuse. Couvrir et
cuire de 8 à 10 heures
à faible intensité.

*" Si vous voulez reproduire
la fameuse soupe aux
pois de cabane à sucre,
qui est toujours très
consistante, vous n'avez
qu'à enlever 500 ml
(2 tasses) de bouillon de
poulet à la recette ! Ce
sera tout aussi délicieux ! "*

Caty voulait absolument tester
cette recette, puisque la soupe
aux pois est la préférée de sa
fille Gabrielle ! Elle a adoré !

Bœuf effiloché au chili et à la coriandre

Préparation **20 minutes** / Cuisson à faible intensité **8 heures 30 minutes**
Quantité **4 portions**

PAR PORTION	
Calories	381
Protéines	43 g
M.G.	18 g
Glucides	12 g
Fibres	3 g
Fer	6 mg
Calcium	73 mg
Sodium	732 mg

1 oignon haché

10 ml (2 c. à thé) d'ail haché

125 ml (½ tasse) de sauce tomate

125 ml (½ tasse) de salsa douce

15 ml (1 c. à soupe) de sriracha

Sel et poivre au goût

800 g (environ 1 ¾ lb) de rôti de palette de bœuf sans os

30 ml (2 c. à soupe) de poudre de chili

10 ml (2 c. à thé) de cumin moulu

15 ml (1 c. à soupe) d'huile d'olive

125 ml (½ tasse) de coriandre hachée

1. Dans la mijoteuse, mélanger l'oignon avec l'ail, la sauce tomate, la salsa et la sriracha. Saler et poivrer.

2. Frotter le rôti de palette avec la poudre de chili et le cumin.

3. Dans une grande poêle, chauffer l'huile à feu moyen. Faire dorer le rôti de 2 à 3 minutes de chaque côté.

4. Transférer le rôti de palette dans la mijoteuse et remuer pour bien l'enrober de sauce.

5. Couvrir et cuire 8 heures à faible intensité.

6. Retirer le rôti de palette de la mijoteuse et le déposer dans une assiette. Effilocher la viande à l'aide de deux fourchettes.

7. Remettre la viande dans la mijoteuse et remuer. Couvrir et prolonger la cuisson de 30 minutes à faible intensité.

8. Ajouter la coriandre hachée dans la mijoteuse et remuer.

Pour gagner quelques minutes de préparation, ou encore éviter d'acheter plusieurs ingrédients que vous n'avez pas à la maison, vous pouvez remplacer la poudre de chili, le cumin et la sriracha par un mélange d'assaisonnements à chili du commerce. C'est ce que j'ai fait la deuxième fois que j'ai essayé la recette! Vous raffolez des mets épicés? Ajoutez un peu de sriracha au moment du service!

Corinne est une passionnée de cuisine qui adore bien manger. Cuisiner à la mijoteuse lui permet de préparer de délicieux plats en toute simplicité, ce qui lui laisse plus de temps libre pour jouer avec son chaton Pablo!

PAR PORTION	
Calories	653
Protéines	59 g
M.G.	35 g
Glucides	17 g
Fibres	1 g
Fer	6 mg
Calcium	95 mg
Sodium	1191 mg

Bœuf braisé à la bière et aux poireaux

Préparation **15 minutes** / Cuisson à faible intensité **8 heures** / Quantité **4 portions**

1 canette de bière de 355 ml

30 ml (2 c. à soupe) de moutarde de Dijon

½ paquet de fromage à la crème de 250 g

1 sachet de sauce demi-glace de 34 g

Poivre au goût

15 ml (1 c. à soupe) d'ail haché

3 tiges de thym

1 feuille de laurier

2 petits poireaux coupés en rondelles de 5 cm (2 po) d'épaisseur

15 ml (1 c. à soupe) d'huile d'olive

1 kg (environ 2 ¼ lb) de rôti de palette de bœuf sans os

6 tranches de bacon cuites et coupées en dés

1. Dans la mijoteuse, déposer la bière, la moutarde, le fromage à la crème et le contenu du sachet de sauce demi-glace. Poivrer. À l'aide du mélangeur-plongeur, émulsionner la préparation.

2. Ajouter l'ail, les fines herbes et les poireaux dans la mijoteuse. Remuer.

3. Dans une poêle, chauffer l'huile à feu moyen. Faire dorer le rôti de palette de 1 à 2 minutes de chaque côté.

4. Transférer le rôti dans la mijoteuse. Ajouter le bacon.

5. Couvrir et cuire de 8 à 10 heures à faible intensité.

Braisé de porc à l'orange

Préparation **15 minutes** / Cuisson à faible intensité **8 heures** / Quantité **4 portions**

PAR PORTION	
Calories	669
Protéines	54 g
M.G.	38 g
Glucides	19 g
Fibres	2 g
Fer	2 mg
Calcium	60 mg
Sodium	617 mg

250 ml (1 tasse)
de jus d'orange

60 ml (¼ de tasse)
de vin blanc

125 ml (½ tasse)
de bouillon de poulet

30 ml (2 c. à soupe)
de pâte de tomates

45 ml (3 c. à soupe) de farine

30 ml (2 c. à soupe)
de moutarde de Dijon

30 ml (2 c. à soupe)
de zestes d'orange

1,5 kg (3 ⅓ lb) de rôti d'épaule
de porc picnic avec os

Sel et poivre au goût

15 ml (1 c. à soupe)
d'huile d'olive

1 oignon haché

1. Dans la mijoteuse, fouetter le jus d'orange avec le vin blanc, le bouillon de poulet, la pâte de tomates, la farine, la moutarde de Dijon et les zestes d'orange.

2. Parer le rôti en retirant l'excédent de gras. Saler et poivrer.

3. Dans une grande poêle, chauffer l'huile d'olive à feu moyen. Faire dorer le rôti de porc de 2 à 3 minutes sur toutes les faces. Transférer dans la mijoteuse.

4. Ajouter l'oignon dans la mijoteuse. Retourner le rôti de porc quelques fois pour bien l'enrober de sauce.

5. Couvrir et cuire de 8 à 10 heures à faible intensité, jusqu'à ce que la viande se défasse à la fourchette.

Bœuf africain

PAR PORTION	
Calories	510
Protéines	46 g
M.G.	22 g
Glucides	30 g
Fibres	3 g
Fer	5 mg
Calcium	67 mg
Sodium	402 mg

Préparation **30 minutes** / Cuisson à faible intensité **8 heures** / Quantité **4 portions**

30 ml (2 c. à soupe) d'huile d'olive

1 contenant de champignons de 227 g, coupés en deux

800 g (environ 1 ¾ lb) de cubes de bœuf à ragoût

2 carottes coupées en dés

1 oignon haché

1 branche de céleri coupée en dés

15 ml (1 c. à soupe) d'ail haché

15 ml (1 c. à soupe) de gingembre haché

1 boîte de soupe aux tomates condensée de 284 ml

15 ml (1 c. à soupe) de sauce Worcestershire

60 ml (¼ de tasse) de cassonade

45 ml (3 c. à soupe) de vinaigre balsamique

Sel et poivre au goût

1. Dans une grande poêle, chauffer la moitié de l'huile d'olive à feu moyen. Cuire les champignons de 4 à 6 minutes. Transférer dans la mijoteuse.

2. Dans la même poêle, chauffer le reste de l'huile à feu moyen. Faire dorer les cubes de bœuf de 4 à 5 minutes.

3. Ajouter les carottes, l'oignon, le céleri, l'ail et le gingembre dans la poêle. Poursuivre la cuisson 2 minutes. Transférer dans la mijoteuse.

4. Ajouter la soupe aux tomates, la sauce Worcestershire, la casso-nade et le vinaigre balsa-mique dans la mijoteuse. Saler, poivrer et remuer.

5. Couvrir et cuire 8 heures à faible intensité.

Cigares au chou

Préparation **30 minutes** / Cuisson à faible intensité **8 heures**
Quantité **4 portions (8 cigares au chou)**

PAR PORTION	
2 cigares au chou	
Calories	409
Protéines	25 g
M.G.	21 g
Glucides	31 g
Fibres	5 g
Fer	3 mg
Calcium	67 mg
Sodium	1186 mg

8 grandes feuilles de chou de Savoie

225 g (½ lb) de bœuf haché mi-maigre

225 g (½ lb) de chair à saucisses italiennes douces

310 ml (1 ¼ tasse) de riz blanc à grains longs cuit

1 oignon haché

1 œuf

15 ml (1 c. à soupe) de persil haché

5 ml (1 c. à thé) d'origan haché

10 ml (2 c. à thé) d'ail haché

Sel et poivre au goût

500 ml (2 tasses) de sauce tomate

125 ml (½ tasse) de bouillon de poulet

1. Dans une casserole d'eau bouillante salée, cuire les feuilles de chou 5 minutes. Refroidir sous l'eau très froide et égoutter. Assécher sur du papier absorbant.

2. Dans un bol, mélanger le bœuf haché avec la chair à saucisses, le riz cuit, l'oignon, l'œuf, le persil, l'origan et l'ail. Saler et poivrer.

3. Sur le plan de travail, déposer les feuilles de chou. Au centre de chaque feuille, déposer un peu de farce. Rabattre les côtés des feuilles sur la farce et rouler en serrant.

4. Dans un bol, mélanger la sauce tomate avec le bouillon de poulet. Verser la moitié de la préparation dans la mijoteuse.

5. Ajouter les cigares au chou dans la mijoteuse et couvrir du reste de la préparation à la sauce tomate.

6. Couvrir et cuire 8 heures à faible intensité.

" À la maison, on a été séduits par les cigares au chou. Les enfants ont vraiment adoré cette recette! Super idée, les saucisses italiennes comme garniture! "

Geneviève, maman de Jacob, 3 ½ ans, et d'Olivia, 6 ans, voit la mijoteuse comme un outil familial qui lui permet de gagner du temps lors des folles soirées de semaine où tout va trop vite. Elle aime cuisiner en grosses quantités afin d'avoir des lunchs pour le lendemain pour elle et son chum Philippe. Son mot d'ordre : efficacité.

Bœuf braisé sucré à l'asiatique

Préparation **10 minutes** / Cuisson à faible intensité **8 heures** / Quantité **4 portions**

PAR PORTION	
Calories	637
Protéines	53 g
M.G.	18 g
Glucides	64 g
Fibres	6 g
Fer	6 mg
Calcium	100 mg
Sodium	1140 mg

80 ml (⅓ de tasse) de sirop d'érable

80 ml (⅓ de tasse) de sauce soya faible en sodium

80 ml (⅓ de tasse) de bouillon de poulet faible en sodium

1 oignon haché

15 ml (1 c. à soupe) de gingembre haché

10 ml (2 c. à thé) d'ail haché

2,5 ml (½ c. à thé) de grains de coriandre concassés

15 ml (1 c. à soupe) d'huile d'olive

800 g (environ 1 ¾ lb) de rôti de palette de bœuf sans os

500 ml (2 tasses) de pois sucrés

2 paquets de nouilles udon de 200 g chacun

15 ml (1 c. à soupe) de graines de sésame rôties

1. Dans la mijoteuse, mélanger le sirop d'érable avec la sauce soya, le bouillon de poulet, l'oignon, le gingembre, l'ail et les grains de coriandre.

2. Dans une grande poêle, chauffer l'huile à feu moyen. Faire dorer le rôti de 2 à 3 minutes de chaque côté. Transférer dans la mijoteuse.

3. Couvrir et cuire de 7 heures 30 minutes à 8 heures à faible intensité.

4. Ajouter les pois sucrés dans la mijoteuse et remuer. Couvrir et poursuivre la cuisson 30 minutes à faible intensité.

5. Retirer le rôti de la mijoteuse et le déposer dans une assiette. Couper le rôti en quatre morceaux.

6. Cuire les nouilles udon selon les indications de l'emballage.

7. Répartir les nouilles udon dans les assiettes. Garnir chaque portion d'un morceau de bœuf, de pois sucrés et d'un peu de sauce. Garnir de graines de sésame.

Poulet style rôtisserie

Préparation **10 minutes** / Cuisson à faible intensité **8 heures** / Quantité **6 portions**

PAR PORTION	
Calories	442
Protéines	39 g
M.G.	31 g
Glucides	0 g
Fibres	0 g
Fer	2 mg
Calcium	22 mg
Sodium	2 201 mg

1 poulet entier de 1,8 kg (environ 4 lb)

60 ml (¼ de tasse) d'épices barbecue de type Montréal ou style brésilien

250 ml (1 tasse) de bouillon de poulet

1. Frotter le poulet avec les épices barbecue.

2. Former cinq boules avec des feuilles de papier d'aluminium. Déposer les boules au fond de la mijoteuse.

3. Verser le bouillon de poulet dans la mijoteuse, puis déposer le poulet sur les boules de papier d'aluminium afin de le surélever.

4. Couvrir et cuire de 8 à 9 heures à faible intensité.

5. Si désiré, transférer le poulet sur une plaque de cuisson et faire dorer au four de 2 à 3 minutes à la position « gril » (broil).

La clé pour un poulet juteux!

Les boules de papier d'aluminium jouent un rôle crucial dans cette recette. Elles permettent au poulet de ne pas toucher au bouillon, ce qui rend sa chair juteuse et sa peau croustillante. Vous obtenez ainsi un bon poulet rôti comme au resto au retour du boulot!

Porc aux pommes et à la bière

Préparation **15 minutes** / Cuisson à faible intensité **8 heures** / Quantité **4 portions**

PAR PORTION	
Calories	539
Protéines	27 g
M.G.	33 g
Glucides	34 g
Fibres	3 g
Fer	2 mg
Calcium	30 mg
Sodium	245 mg

1,5 kg (3 ⅓ lb) de rôti d'épaule de porc sans os

Sel et poivre au goût

15 ml (1 c. à soupe) d'huile d'olive

4 pommes Cortland coupées en quartiers

Pour la sauce :

60 ml (¼ de tasse) de bière blonde

60 ml (¼ de tasse) de jus de pomme

30 ml (2 c. à soupe) de moutarde à l'ancienne

30 ml (2 c. à soupe) de sirop d'érable

1. Retirer la couenne et le gras du rôti de porc. Saler et poivrer le rôti.

2. Dans une grande poêle, chauffer l'huile à feu moyen. Faire dorer le rôti sur toutes les faces de 4 à 5 minutes. Transférer dans la mijoteuse.

3. Dans la même poêle, cuire les pommes 1 minute de chaque côté. Transférer dans la mijoteuse.

4. Dans un bol, fouetter les ingrédients de la sauce. Verser sur le rôti.

5. Couvrir et cuire 8 heures à faible intensité.

Sans précuisson

Sauter une étape pour écourter le temps de préparation de vos repas à la mijoteuse ? C'est ce que l'on vous propose à travers ces 14 recettes sans précuisson, qui n'en sont pas moins délectables une fois dans l'assiette. Soupes thaïe, au poulet ou aux légumes, plats en sauce ou en gratin, cassoulet et autres viandes mijotées promettent de vous faire saliver !

Divan au poulet

Préparation **15 minutes** / Cuisson à faible intensité **7 heures**
Cuisson à intensité élevée **15 minutes** / Quantité **4 portions**

PAR PORTION	
Calories	586
Protéines	57 g
M.G.	34 g
Glucides	15 g
Fibres	2 g
Fer	1 mg
Calcium	393 mg
Sodium	1332 mg

4 petites poitrines de poulet
sans peau coupées en cubes

1 oignon haché

1 branche de céleri coupée
en dés

2 carottes coupées en dés

Sel et poivre au goût

1 brocoli coupé
en petits bouquets

250 ml (1 tasse)
de cheddar fort râpé

Pour la sauce :

1 boîte de crème de poulet
condensée de 284 ml

80 ml (⅓ de tasse)
de bouillon de poulet

30 ml (2 c. à soupe)
de moutarde à l'ancienne

10 ml (2 c. à thé) d'ail haché

Sel et poivre au goût

1. Dans la mijoteuse,
mélanger les ingrédients
de la sauce. Ajouter le poulet, l'oignon, le céleri et les
carottes. Saler, poivrer
et remuer.

2. Couvrir et cuire de 7 à
8 heures à faible intensité.

3. Ajouter le brocoli.
Remuer. Garnir de fro-
mage râpé.

4. Couvrir et poursuivre
la cuisson 15 minutes
à intensité élevée.

*"Normalement, lorsque je
concocte un divan au poulet
au four, j'ajoute des tranches
de pain baguette beurrées sur
le dessus du plat juste avant
de le cuire afin de former
de beaux croûtons, comme
dans la version traditionnelle.
Pour adapter mon petit extra
à cette recette à la mijoteuse,
j'ai fait rôtir les morceaux
de pain au four, puis je les ai
ajoutés sur le dessus du plat
une fois la cuisson terminée,
juste avant de servir (car
autrement, ils deviendraient
trop mous !). Ça ajoute une
belle texture croustillante !"*

Josée est une véritable adepte de
la mijoteuse, qu'elle utilise été
comme hiver. Puisqu'elle part souvent de longues heures en moto
avec son chum Jocelyn, la mijoteuse lui permet d'avoir un bon
repas au retour de ses balades !

Soupe aux légumes et à l'orge

Préparation **35 minutes** / Cuisson à faible intensité **7 heures** / Quantité **6 portions**

PAR PORTION	
Calories	188
Protéines	8 g
M.G.	0 g
Glucides	41 g
Fibres	7 g
Fer	5 mg
Calcium	84 mg
Sodium	1050 mg

1,25 litre (5 tasses) de bouillon de poulet

1 boîte de tomates en dés de 540 ml

125 ml (½ tasse) d'orge perlé

15 ml (1 c. à soupe) d'assaisonnements italiens

10 ml (2 c. à thé) d'ail haché

2 carottes coupées en dés

2 branches de céleri coupées en dés

2 pommes de terre coupées en dés

1 oignon haché

1 poireau coupé en rondelles

1 feuille de laurier

Sel et poivre au goût

1. Dans la mijoteuse, mélanger tous les ingrédients. Couvrir et cuire de 7 à 8 heures à faible intensité.

" Cette recette est ultrafacile à doubler en prévision des soirs pressés ou pour les lunchs de semaine... À condition que votre mijoteuse soit assez grande pour tout contenir, bien entendu! On congèle le surplus et hop!, voilà de belles provisions! "

Maude fait maintenant cette recette régulièrement. Puisqu'elle la double et en congèle, elle a toujours un bon repas tout prêt qu'il lui suffit de faire décongeler la veille !

Poulet, sauce aux arachides

Préparation **20 minutes** / Cuisson à faible intensité **7 heures** / Quantité **4 portions**

PAR PORTION	
Calories	424
Protéines	25 g
M.G.	31 g
Glucides	13 g
Fibres	1 g
Fer	5 mg
Calcium	26 mg
Sodium	907 mg

12 pilons de poulet

60 ml (¼ de tasse) de petites feuilles de coriandre

Pour la sauce :

1 boîte de lait de coco de 398 ml (de type Haiku)*

80 ml (⅓ de tasse) de beurre d'arachide croquant

45 ml (3 c. à soupe) de sauce soya réduite en sodium

20 ml (4 c. à thé) de jus de lime

15 ml (1 c. à soupe) de gingembre haché

10 ml (2 c. à thé) d'ail haché

10 ml (2 c. à thé) de pâte de cari rouge

1 oignon haché

Sel et poivre au goût

1. Dans la mijoteuse, mélanger les ingrédients de la sauce. Ajouter les pilons de poulet et remuer pour bien les enrober de sauce.

2. Couvrir et cuire de 7 à 8 heures à faible intensité.

3. Au moment de servir, garnir de feuilles de coriandre.

" Pour ceux qui, comme moi, raffolent du parfum de la pâte de cari, sachez qu'il est possible d'en mettre jusqu'à 20 ml (4 c. à thé) dans cette recette. C'est tellement bon ! "

Marilou habite seule, mais ça ne l'empêche pas de profiter des joies de la mijoteuse ! Elle adore cuisiner en grandes quantités afin de faire des réserves au congélateur. Elle aime aussi cuisiner pour la famille et les amis ; il arrive même que sa sœur Alice lui donne un coup de main !

*Le lait de coco Haiku est l'un des seuls qui supporte bien la cuisson de longue durée.

Gratin de pommes de terre au jambon

Préparation **20 minutes** / Cuisson à faible intensité **6 heures** / Quantité **4 portions**

PAR PORTION	
Calories	680
Protéines	32 g
M.G.	29 g
Glucides	80 g
Fibres	4 g
Fer	2 mg
Calcium	421 mg
Sodium	1643 mg

15 ml (1 c. à soupe) de beurre ramolli

1 kg (environ 2 ¼ lb) de pommes de terre à chair jaune

750 ml (3 tasses) de mélange laitier pour cuisson 5 %

2 sachets de sauce béchamel en poudre de 47 g chacun

15 ml (1 c. à soupe) d'ail haché

15 ml (1 c. à soupe) de fécule de maïs

500 ml (2 tasses) de mélange de fromages italiens râpés

5 ml (1 c. à thé) de muscade

Sel et poivre au goût

12 tranches de jambon à l'érable

1. Beurrer l'intérieur de la mijoteuse.

2. Éplucher les pommes de terre, puis les couper en tranches fines.

3. Dans un bol, fouetter le mélange laitier avec le contenu des sachets de sauce béchamel, l'ail, la fécule de maïs, la moitié du fromage et la muscade. Saler et poivrer.

4. Répartir le tiers des tranches de pommes de terre dans la mijoteuse. Couvrir du tiers du jambon et du tiers de la sauce béchamel. Répéter ces étapes deux fois de façon à former trois étages. Couvrir du reste du fromage.

5. Couvrir et cuire de 6 à 7 heures à faible intensité, jusqu'à ce que les pommes de terre soient tendres.

6. Retirer le couvercle et laisser reposer quelques minutes avant de servir.

Poulet effiloché barbecue

Préparation **10 minutes** / Cuisson à faible intensité **5 heures**
Cuisson à intensité élevée **15 minutes** / Quantité **4 portions**

PAR PORTION	
Calories	422
Protéines	42 g
M.G.	5 g
Glucides	51 g
Fibres	4 g
Fer	2 mg
Calcium	91 mg
Sodium	900 mg

4 petites poitrines de poulet sans peau

Pour la sauce :

125 ml (½ tasse) de sirop d'érable

125 ml (½ tasse) de ketchup

125 ml (½ tasse) de sauce chili

15 ml (1 c. à soupe) de vinaigre de cidre

15 ml (1 c. à soupe) de sauce Worcestershire

15 ml (1 c. à soupe) de paprika fumé doux

15 ml (1 c. à soupe) d'ail haché

1 oignon haché

1 tomate coupée en dés

Sel et poivre au goût

1. Dans la mijoteuse, mélanger les ingrédients de la sauce. Ajouter les poitrines de poulet et remuer pour bien les enrober de sauce.

2. Couvrir et cuire de 5 à 6 heures à faible intensité.

3. Retirer les poitrines de poulet de la mijoteuse et les effilocher à l'aide d'une fourchette.

4. Couvrir la mijoteuse et poursuivre la cuisson de 15 à 20 minutes à intensité élevée, jusqu'à ce que la sauce ait une texture sirupeuse.

5. Remettre le poulet dans la mijoteuse et remuer pour bien l'enrober de sauce.

" J'étais déjà une grande amatrice de porc effiloché, et je dois avouer que la version au poulet me ravit tout autant ! J'utilise mes restes pour bonifier une foule de recettes : nachos, sandwichs, poutines, quesadillas... C'est tellement bon ! "

Corinne adore recevoir des amis à la maison. Elle a servi ce poulet effiloché en nacho, et ce fut tout un succès ! Festif et délicieux !

Mijoté de bœuf à la bière

Préparation **10 minutes** / Cuisson à faible intensité **7 heures** / Quantité **4 portions**

PAR PORTION	
Calories	810
Protéines	58 g
M.G.	15 g
Glucides	109 g
Fibres	11 g
Fer	9 mg
Calcium	156 mg
Sodium	852 mg

750 g (environ 1 ⅔ lb)
de cubes de bœuf à ragoût

1 oignon haché

2 carottes coupées
en rondelles

2 panais coupés en rondelles

8 à 10 pommes de terre
grelots coupées en deux

Sel et poivre au goût

30 ml (2 c. à soupe)
de persil haché

Pour la sauce :

2 contenants de sauce
demi-glace prête à servir
de 300 ml chacun

250 ml (1 tasse) de bière noire

60 ml (¼ de tasse) de pâte
de tomates

15 ml (1 c. à soupe) de sauce
Worcestershire

15 ml (1 c. à soupe) d'ail haché

5 ml (1 c. à thé) de thym haché

1 feuille de laurier

Sel et poivre au goût

1. Dans la mijoteuse,
mélanger les ingrédients
de la sauce. Ajouter les
cubes de bœuf, l'oignon,
les carottes, les panais
et les pommes de terre.
Saler et poivrer. Remuer.

2. Couvrir et cuire de 7 à
8 heures à faible intensité.

3. Au moment de servir,
garnir de persil.

PAR PORTION	
Calories	369
Protéines	37 g
M.G.	16 g
Glucides	20 g
Fibres	3 g
Fer	7 mg
Calcium	89 mg
Sodium	382 mg

Cari de poulet

Préparation **20 minutes** / Cuisson à faible intensité **7 heures 15 minutes**
Quantité **4 portions**

4 poitrines de poulet sans
peau coupées en cubes

1 boîte de tomates en dés
de 540 ml, égouttées

1 oignon haché

Sel et poivre au goût

60 ml (¼ de tasse)
de feuilles de coriandre

Pour la sauce :

1 boîte de lait de coco de
398 ml (de type Haiku)*

30 ml (2 c. à soupe)
de poudre de cari

30 ml (2 c. à soupe)
de pâte de tomates

15 ml (1 c. à soupe)
de jus de citron

15 ml (1 c. à soupe)
de gingembre haché

10 ml (2 c. à thé) d'ail haché

5 ml (1 c. à thé)
de garam masala

5 ml (1 c. à thé) de curcuma

Sel et poivre au goût

15 ml (1 c. à soupe)
de fécule de maïs

1. Dans la mijoteuse,
fouetter les ingrédients
de la sauce, à l'exception
de la fécule de maïs.

2. Ajouter le poulet, les
tomates en dés et l'oignon
dans la mijoteuse. Saler et
poivrer. Remuer pour bien
enrober le poulet de sauce.

3. Couvrir et cuire de 7 à
8 heures à faible intensité.

4. Délayer la fécule de
maïs dans un peu d'eau
froide. Ajouter dans la
mijoteuse et remuer.
Couvrir et poursuivre
la cuisson 15 minutes
à faible intensité.

5. Au moment de
servir, garnir de feuilles
de coriandre.

*Le lait de coco Haiku est l'un des seuls qui supporte bien la cuisson de longue durée.

Soupe poulet et nouilles

Préparation **30 minutes** / Cuisson à faible intensité **7 heures 15 minutes**
Quantité **4 portions**

PAR PORTION	
Calories	247
Protéines	27 g
M.G.	5 g
Glucides	12 g
Fibres	3 g
Fer	2 mg
Calcium	38 mg
Sodium	1556 mg

6 hauts de cuisses de poulet sans peau, coupés en dés

1 oignon haché

2 carottes coupées en dés

1 branche de céleri coupée en dés

1,5 litre (6 tasses) de bouillon de poulet

5 ml (1 c. à thé) de thym haché

1 feuille de laurier

Sel et poivre au goût

250 ml (1 tasse) de nouilles à soupe

30 ml (2 c. à soupe) de persil haché

1. Dans la mijoteuse, déposer les hauts de cuisses de poulet, l'oignon, les carottes, le céleri, le bouillon de poulet, le thym et le laurier. Saler et poivrer. Remuer.

2. Couvrir et cuire de 7 à 8 heures à faible intensité.

3. Ajouter les nouilles et le persil dans la mijoteuse. Remuer. Couvrir et poursuivre la cuisson de 15 à 20 minutes à faible intensité, jusqu'à ce que les nouilles soient *al dente*.

Filet de porc, sauce Dijon

Préparation **15 minutes** / Cuisson à faible intensité **6 heures** / Quantité **4 portions**

PAR PORTION	
Calories	454
Protéines	47 g
M.G.	25 g
Glucides	8 g
Fibres	1 g
Fer	3 mg
Calcium	92 mg
Sodium	806 mg

1 filet de porc de 750 g
(environ 1 ⅔ lb)

Pour la sauce :

1 paquet de fromage à la
crème de 250 g, ramolli

250 ml (1 tasse)
de bouillon de poulet

30 ml (2 c. à soupe) de
moutarde de Dijon

10 ml (2 c. à thé) d'ail haché

10 ml (2 c. à thé)
d'assaisonnements italiens

1 oignon haché

Sel et poivre au goût

1. Dans la mijoteuse,
fouetter les ingrédients
de la sauce. Ajouter le filet
de porc et remuer pour
bien l'enrober de sauce.

2. Couvrir et cuire de 6 à
7 heures à faible intensité.

Le secret de cette sauce Dijon

L'ingrédient clé de cette recette est assurément le
fromage à la crème, qui permet d'obtenir une sauce
onctueuse à souhait. Vous serez étonnés du résultat !

PAR PORTION	
Calories	481
Protéines	55 g
M.G.	17 g
Glucides	27 g
Fibres	3 g
Fer	1 mg
Calcium	421 mg
Sodium	1125 mg

Poulet à la salsa

Préparation **5 minutes** / Cuisson à faible intensité **6 heures**
Cuisson à intensité élevée **15 minutes** / Quantité **4 portions**

1 pot de salsa douce
de 418 ml

60 ml (¼ de tasse)
de sirop d'érable

4 petites poitrines
de poulet sans peau

1 poivron rouge coupé en dés

1 oignon haché

Sel et poivre au goût

500 ml (2 tasses)
de mélange de quatre
fromages italiens râpés

1. Dans la mijoteuse,
mélanger la salsa avec
le sirop d'érable. Ajouter
les poitrines de poulet,
le poivron et l'oignon.
Saler et poivrer. Remuer
pour bien enrober
les ingrédients de sauce.

2. Couvrir et cuire de 6 à
7 heures à faible intensité.

3. Garnir les poitrines
de poulet de fromage.
Couvrir et poursuivre
la cuisson 15 minutes
à intensité élevée.

Poulet au bacon

PAR PORTION	
Calories	456
Protéines	24 g
M.G.	22 g
Glucides	4 g
Fibres	0 g
Fer	1 mg
Calcium	6 mg
Sodium	1013 mg

Préparation **20 minutes** / Cuisson à faible intensité **6 heures 15 minutes**
Quantité **4 portions**

8 tranches de bacon

8 hauts de cuisses de poulet désossés et sans peau

250 ml (1 tasse) de sauce barbecue à l'érable (de type Diana)

60 ml (¼ de tasse) de jus de pomme

15 ml (1 c. à soupe) de fécule de maïs

1. Huiler le fond de la mijoteuse.

2. Enrouler une tranche de bacon autour de chacun des hauts de cuisses de poulet. Déposer les hauts de cuisses côte à côte dans la mijoteuse.

3. Dans un bol, mélanger la sauce barbecue avec le jus de pomme. Verser dans la mijoteuse.

4. Couvrir et cuire de 6 à 7 heures à faible intensité.

5. Délayer la fécule de maïs dans un peu d'eau froide. Verser dans la mijoteuse et remuer. Couvrir et poursuivre la cuisson 15 minutes à faible intensité.

Pour une cuisson uniforme et un résultat satisfaisant, évitez d'empiler les hauts de cuisses de poulet : il vous faudra prévoir une mijoteuse d'assez grande taille pour contenir huit hauts de cuisses disposés côte à côte !

Marie-Pier est une nouvelle utilisatrice de la mijoteuse, qu'elle a tout de suite adoptée grâce à sa grande accessibilité. Puisqu'elle est seule à cuisiner à la maison, elle trouve que la mijoteuse, en plus d'être vraiment pratique, lui permet de varier ses repas. Son chum Alex, quant à lui, préfère déguster !

Sauce à spaghetti

Préparation **25 minutes** / Cuisson à faible intensité **7 heures**
Quantité **6 portions (1,5 litre – 6 tasses)**

PAR PORTION	
Calories	354
Protéines	21 g
M.G.	18 g
Glucides	28 g
Fibres	7 g
Fer	4 mg
Calcium	98 mg
Sodium	959 mg

300 g (⅔ de lb)
de saucisses italiennes

300 g (⅔ de lb) de bœuf
haché mi-maigre

1 boîte de tomates broyées
de 796 ml

80 ml (⅓ de tasse)
de pâte de tomates

60 ml (¼ de tasse)
de vin blanc

60 ml (¼ de tasse)
de sauce chili

15 ml (1 c. à soupe) d'ail haché

10 ml (2 c. à thé)
d'assaisonnements italiens

4 tomates coupées en dés

2 oignons hachés

2 branches de céleri coupées
en dés

1 carotte coupée en dés

Sel et poivre au goût

1. Enlever la membrane
des saucisses.

2. Dans la mijoteuse,
mélanger tous les
ingrédients, en égrainant
la viande à l'aide d'une
cuillère en bois.

3. Couvrir et cuire de 7 à
8 heures à faible intensité.

*Comme j'aime ajouter une
petite touche de piquant
à ma sauce à spag, j'ai
opté pour des saucisses
italiennes piquantes.
J'ai aussi passé la sauce
au mélangeur afin de la
rendre plus lisse et ainsi de
faire passer les légumes ni
vu ni connu à mes enfants !*

Anne-Marie, mère de deux petites
filles en bas âge, Dahlia et Elora,
adore cuisiner à la mijoteuse parce
que ça lui permet de passer plus
de temps avec ses enfants et son
chum Mathieu, et moins derrière
les fourneaux.

Soupe thaïe au poulet

Préparation **30 minutes** / Cuisson à faible intensité **7 heures**
Cuisson à intensité élevée **12 minutes** / Quantité **4 portions**

PAR PORTION	
Calories	406
Protéines	26 g
M.G.	14 g
Glucides	43 g
Fibres	3 g
Fer	5 mg
Calcium	46 mg
Sodium	1341 mg

2 petites poitrines de
poulet sans peau coupées
en lanières

1 boîte de lait de coco de
398 ml (de type Haiku)*

500 ml (2 tasses)
de bouillon de poulet

30 ml (2 c. à soupe)
de pâte de cari

15 ml (1 c. à soupe)
de gingembre haché

15 ml (1 c. à soupe) d'ail haché

10 ml (2 c. à thé) de sauce
de poisson

1 oignon haché

2 carottes coupées
en rondelles

1 poivron rouge coupé en dés

1 tige de citronnelle coupée
en deux

Sel et poivre au goût

½ paquet de vermicelles
de riz de 250 g

60 ml (¼ de tasse) de petites
feuilles de coriandre

1. Dans la mijoteuse,
mélanger les lanières de
poulet avec le lait de coco,
le bouillon de poulet, la
pâte de cari, le gingembre,
l'ail, la sauce de poisson,
l'oignon, les carottes, le
poivron et la citronnelle.
Saler et poivrer.

2. Couvrir et cuire de 7 à
8 heures à faible intensité.

3. Ajouter les vermicelles
de riz dans la mijoteuse.
Remuer. Couvrir et cuire de
12 à 20 minutes à intensité
élevée, jusqu'à ce que les
vermicelles soient *al dente*.

4. Retirer la citronnelle
de la mijoteuse.

5. Au moment de
servir, garnir la soupe
de coriandre.

Une belle découverte culinaire !

**Pour assurer le succès de cette recette, il est important
d'utiliser un lait de coco conçu pour une cuisson de
longue durée. Il existe en effet certaines marques qui
contiennent un agent liant permettant d'éviter que l'eau
de coco et la crème de coco se séparent et forment des
grumeaux en cours de cuisson, exactement comme la
crème conçue pour la cuisson.**

*Le lait de coco Haiku est l'un des seuls qui supporte bien la cuisson de longue durée.

Cassoulet

Préparation **20 minutes** / Cuisson à faible intensité **7 heures** / Quantité **4 portions**

PAR PORTION	
Calories	790
Protéines	62 g
M.G.	29 g
Glucides	63 g
Fibres	27 g
Fer	10 mg
Calcium	279 mg
Sodium	2 291 mg

8 hauts de cuisses
de poulet désossés
et sans peau

6 saucisses de Toulouse

1 boîte de tomates en dés
de 540 ml, égouttées

1 boîte de haricots blancs
de 540 ml, rincés et égouttés

125 ml (½ tasse) de bouillon
de poulet

80 ml (⅓ de tasse) de pâte
de tomates

60 ml (¼ de tasse)
de vin blanc

15 ml (1 c. à soupe) d'ail haché

1 oignon haché

1 tige de thym

1 feuille de laurier

Sel et poivre au goût

30 ml (2 c. à soupe)
de persil haché

1. Dans la mijoteuse,
déposer tous les ingré-
dients, à l'exception
du persil. Remuer.

2. Couvrir et cuire de 7 à
8 heures à faible intensité.

3. Retirer la tige de thym
de la mijoteuse. Couper
les saucisses en deux.

4. Au moment de servir,
garnir de persil.

Pour une version moins salée

Si vous surveillez votre consommation de sodium,
n'hésitez pas à utiliser les versions réduites en sel
offertes pour certains ingrédients au supermarché.
Dans cette recette, il serait possible de le faire pour
le bouillon de poulet, les tomates en dés et la pâte
de tomates. Un peu moins goûteux, mais plus santé !

Sacs
à congeler

Des mélanges maison apprêtés à l'avance qui passent du congélo à la mijoteuse, ça vous dit ? Si le temps est pour vous une denrée rare, vous apprécierez ces recettes en sacs qu'il suffira de laisser décongeler au frigo la veille du repas, puis de transvider dans la mijoteuse le matin venu avant de vaquer à vos affaires du jour. De quoi rendre votre vie pressée plus délicieuse !

Bœuf aux épices

Préparation **15 minutes** / Cuisson à faible intensité **6 heures** / Quantité **4 portions**

PAR PORTION	
Calories	425
Protéines	42 g
M.G.	15 g
Glucides	31 g
Fibres	5 g
Fer	6 mg
Calcium	189 mg
Sodium	1173 mg

45 ml (3 c. à soupe)
de fécule de maïs

60 ml (¼ de tasse)
de sauce soya

60 ml (¼ de tasse) de ketchup

30 ml (2 c. à soupe)
de cassonade

600 g (environ 1 ⅓ lb)
de cubes de bœuf à ragoût

1 oignon haché

2 carottes coupées
en rondelles

2,5 ml (½ c. à thé) de cannelle

5 ml (1 c. à thé) de flocons
de piment broyés

15 ml (1 c. à soupe) d'ail haché

15 ml (1 c. à soupe)
de gingembre haché

250 ml (1 tasse) d'edamames
décortiqués surgelés

1. Dans un bol, fouetter la fécule de maïs avec la sauce soya, le ketchup et la cassonade. Ajouter les cubes de bœuf, l'oignon, les carottes, la cannelle, les flocons de piment, l'ail, le gingembre et les edamames. Remuer.

2. Verser la préparation dans un grand sac hermétique. Retirer l'air du sac et sceller.

3. Déposer le sac à plat au congélateur.

4. La veille du repas, laisser décongeler le sac au réfrigérateur en le déposant dans un bol pour éviter les dégâts.

5. Au moment de la cuisson, transvider la préparation au bœuf dans la mijoteuse. Couvrir et cuire de 6 à 7 heures à faible intensité.

Poulet style Général Tao

Préparation **15 minutes** / Cuisson à faible intensité **4 heures** / Quantité **4 portions**

PAR PORTION	
Calories	346
Protéines	32 g
M.G.	13 g
Glucides	25 g
Fibres	2 g
Fer	2 mg
Calcium	76 mg
Sodium	1012 mg

600 g (environ 1 ⅓ lb) de hauts de cuisses de poulet désossés et sans peau, coupés en cubes

60 ml (¼ de tasse) de fécule de maïs

15 ml (1 c. à soupe) d'huile d'olive

60 ml (¼ de tasse) d'oignons verts hachés

30 ml (2 c. à soupe) de graines de sésame rôties

Pour la sauce :

60 ml (¼ de tasse) de bouillon de poulet

60 ml (¼ de tasse) de sauce hoisin

30 ml (2 c. à soupe) de sauce aux huîtres

30 ml (2 c. à soupe) de vinaigre de riz

30 ml (2 c. à soupe) de cassonade

30 ml (2 c. à soupe) de ketchup

15 ml (1 c. à soupe) de sauce soya

15 ml (1 c. à soupe) de gingembre haché

10 ml (2 c. à thé) d'ail haché

1. Dans un bol, mélanger les cubes de poulet avec la fécule de maïs. Secouer pour retirer l'excédent.

2. Dans une grande poêle, chauffer l'huile à feu moyen. Faire dorer les cubes de poulet de 2 à 3 minutes sur toutes les faces. Retirer de la poêle et réserver dans une assiette. Laisser tiédir.

3. Dans un grand sac hermétique, déposer les ingrédients de la sauce. Secouer. Ajouter les cubes de poulet et secouer de nouveau pour bien les enrober de sauce. Retirer l'air du sac et sceller.

4. Déposer le sac à plat au congélateur.

5. La veille du repas, laisser décongeler le sac au réfrigérateur en le déposant dans un bol pour éviter les dégâts.

6. Au moment de la cuisson, transvider la préparation au poulet dans la mijoteuse. Couvrir et cuire de 4 à 5 heures à faible intensité.

7. Au moment de servir, garnir d'oignons verts et de graines de sésame.

" Malheur ! Notre sac s'est fissuré au cours de la décongélation. C'est pourquoi il est bien important d'utiliser un sac hermétique conçu pour la congélation. On l'aura appris à nos dépens ! "

Sonia aime la mijoteuse pour son côté pratique et pas compliqué, surtout qu'avec deux enfants pleins d'énergie à la maison, elle n'a pas le temps de passer des heures en cuisine. Depuis qu'elle sait lire, sa fille Talie est même devenue son assistante !

Boulettes de viande farcies à l'italienne

Préparation **30 minutes** / Cuisson à faible intensité **6 heures** / Quantité **4 portions**

PAR PORTION	
Calories	479
Protéines	31 g
M.G.	26 g
Glucides	30 g
Fibres	3 g
Fer	4 mg
Calcium	222 mg
Sodium	1279 mg

15 ml (1 c. à soupe) d'huile d'olive

Pour les boulettes :

225 g (½ lb) de bœuf haché mi-maigre

225 g (½ lb) de porc haché maigre

60 ml (¼ de tasse) d'échalotes sèches (françaises) hachées

60 ml (¼ de tasse) de chapelure assaisonnée à l'italienne

30 ml (2 c. à soupe) de parmesan râpé

30 ml (2 c. à soupe) de petites feuilles de basilic

15 ml (1 c. à soupe) de persil haché

10 ml (2 c. à thé) d'épices à steak

5 ml (1 c. à thé) d'ail haché

1 œuf

50 g (1 ¾ oz) de mozzarella coupée en 16 petits cubes de 1 cm (½ po)

Pour la sauce :

1 boîte de tomates en dés ail et huile d'olive de 540 ml, égouttées

1 boîte de soupe aux tomates condensée de 284 ml

15 ml (1 c. à soupe) de pâte de tomates

15 ml (1 c. à soupe) d'assaisonnements italiens

Sel et poivre au goût

1. Dans un bol, mélanger les ingrédients des boulettes, à l'exception de la mozzarella.

2. Façonner 16 boulettes en utilisant environ 45 ml (3 c. à soupe) de préparation pour chacune d'elles. Insérer un cube de mozzarella dans chacune des boulettes.

3. Dans une grande poêle, chauffer l'huile à feu moyen. Faire dorer les boulettes de 3 à 4 minutes sur toutes les faces. Retirer du feu et laisser tiédir.

4. Dans un grand sac hermétique, déposer les ingrédients de la sauce.

Secouer. Ajouter les boulettes et secouer de nouveau pour bien les enrober de sauce. Retirer l'air du sac et sceller.

5. Déposer le sac à plat au congélateur.

6. La veille du repas, laisser décongeler le sac au réfrigérateur en le déposant dans un bol pour éviter les dégâts.

7. Au moment de la cuisson, transvider la préparation dans la mijoteuse. Couvrir et cuire de 6 à 7 heures à faible intensité.

Des boulettes parfaitement étanches

Pour éviter que le meilleur de ces boulettes – le fromage, bien entendu ! – ne se retrouve au fond de la mijoteuse, assurez-vous de bien sceller les boulettes au moment de les façonner.

Poulet au beurre

Préparation **15 minutes** / Cuisson à faible intensité **5 heures** / Quantité **4 portions**

PAR PORTION	
Calories	429
Protéines	46 g
M.G.	20 g
Glucides	16 g
Fibres	4 g
Fer	6 mg
Calcium	75 mg
Sodium	409 mg

15 ml (1 c. à soupe)
d'huile d'olive

Sel et poivre au goût

4 poitrines de poulet
sans peau

Pour la sauce :

1 boîte de lait de coco de
398 ml (de type Haiku)*

125 ml (½ tasse) de pâte
de tomates

15 ml (1 c. à soupe) d'ail haché

15 ml (1 c. à soupe)
de gingembre haché

15 ml (1 c. à soupe)
de garam masala

10 ml (2 c. à thé)
de poudre de cari

2,5 ml (½ c. à thé)
de curcuma

1 oignon haché

Sel et poivre au goût

80 ml (⅓ de tasse)
de yogourt grec nature 0 %

60 ml (¼ de tasse)
de coriandre hachée

1. Dans une grande poêle, chauffer l'huile à feu moyen. Saler et poivrer les poitrines de poulet. Faire dorer les poitrines de 2 à 3 minutes sur toutes les faces. Retirer du feu et laisser tiédir. Couper les poitrines en cubes.

2. Dans un grand sac hermétique, déposer les ingrédients de la sauce, à l'exception du yogourt et de la coriandre. Secouer. Ajouter le poulet et secouer de nouveau pour bien l'enrober de sauce. Retirer l'air du sac et sceller.

3. Déposer le sac à plat au congélateur.

4. La veille du repas, laisser décongeler le sac au réfrigérateur en le déposant dans un bol pour éviter les dégâts.

5. Au moment de la cuisson, transvider la préparation dans la mijoteuse. Couvrir et cuire de 5 à 6 heures à faible intensité.

6. Ajouter le yogourt dans la mijoteuse et remuer.

7. Au moment de servir, garnir de coriandre.

J'ai testé cette recette avant mon accouchement, donc j'ai pu faire des provisions de poulet au beurre au congélo ! Je dois dire que j'ai vraiment aimé avoir des portions congelées à portée de main après la venue de ma deuxième fille. Ça m'a donné un bon coup de pouce !

Annie a décidé de se lancer dans la cuisine à la mijoteuse alors qu'elle était enceinte de son deuxième enfant afin de remplir son congélateur en prévision de son congé de maternité. Avec deux enfants en bas âge, elle est maintenant bien contente d'avoir fait des réserves !

*Le lait de coco Haiku est l'un des seuls qui supporte bien la cuisson de longue durée.

Côtelettes de porc barbecue

Préparation 15 minutes / Cuisson à faible intensité 4 heures 15 minutes / Quantité 4 portions

PAR PORTION	
Calories	289
Protéines	25 g
M.G.	8 g
Glucides	27 g
Fibres	2 g
Fer	1 mg
Calcium	50 mg
Sodium	518 mg

15 ml (1 c. à soupe)
d'huile d'olive

Sel et poivre au goût

4 côtelettes de porc
avec os de 180 g
(environ ⅓ de lb) chacune

1 oignon coupé
en lanières

15 ml (1 c. à soupe)
de fécule de maïs

Pour la sauce :

80 ml (⅓ de tasse)
de ketchup

60 ml (¼ de tasse)
de sauce chili

60 ml (¼ de tasse)
de sirop d'érable

15 ml (1 c. à soupe)
de vinaigre de cidre

5 ml (1 c. à thé) de moutarde
de Dijon

2,5 ml (½ c. à thé) de paprika
fumé doux

1. Dans une grande poêle,
chauffer l'huile à feu
moyen. Saler et poivrer
les côtelettes. Faire dorer
les côtelettes 1 minute de
chaque côté. Retirer du
feu et laisser tiédir.

2. Dans un grand sac
hermétique, déposer les
ingrédients de la sauce.
Secouer. Ajouter les côtelettes et l'oignon. Secouer
de nouveau pour bien les
enrober de sauce. Retirer
l'air du sac et sceller.

3. Déposer le sac à plat
au congélateur.

4. La veille du repas,
laisser décongeler le sac
au réfrigérateur en le
déposant dans un bol
pour éviter les dégâts.

5. Au moment de la cuisson, transvider la prépa-
ration dans la mijoteuse.

Couvrir et cuire de 4 à
5 heures à faible intensité.

6. Délayer la fécule de
maïs dans un peu d'eau
froide. Verser dans la
mijoteuse en remuant.
Couvrir et poursuivre
la cuisson 15 minutes
à faible intensité.

Chaudrée de maïs et bacon

Préparation **15 minutes** / Cuisson à faible intensité **5 heures 30 minutes** / Quantité **4 portions**

PAR PORTION	
Calories	276
Protéines	9 g
M.G.	15 g
Glucides	29 g
Fibres	2 g
Fer	1 mg
Calcium	77 mg
Sodium	802 mg

1 gros oignon haché

15 ml (1 c. à soupe) d'ail haché

2 petites pommes de terre à chair jaune pelées et coupées en dés

500 ml (2 tasses) de bouillon de poulet

500 ml (2 tasses) de maïs en grains

4 tranches de bacon épaisses, cuites et coupées en dés

250 ml (1 tasse) de crème à cuisson 15 %

Sel et poivre au goût

1. Dans un grand sac hermétique, déposer l'oignon, l'ail, les pommes de terre, le bouillon de poulet, le maïs et le bacon. Retirer l'air du sac et sceller.

2. Déposer le sac à plat au congélateur.

3. La veille du repas, laisser décongeler le sac au réfrigérateur en le déposant dans un bol pour éviter les dégâts.

4. Au moment de la cuisson, transvider la préparation dans la mijoteuse.

5. Couvrir et cuire de 5 à 6 heures à faible intensité.

6. Ajouter la crème dans la mijoteuse et remuer. Couvrir et poursuivre la cuisson 30 minutes à faible intensité. Saler et poivrer.

N'hésitez pas à ajouter encore plus de maïs en grains : la saveur sucrée, la texture et le plaisir seront décuplés à chaque bouchée !

Catherine et son chum Nicolas sont de grands épicuriens qui adorent cuisiner. Puisqu'ils ne sont pas adeptes de mijotés, ils utilisent principalement leur mijoteuse pour attendrir des pièces de viande coriaces.

Poulet teriyaki

Préparation **25 minutes** / Cuisson à faible intensité **4 heures 30 minutes**
Cuisson à intensité élevée **30 minutes** / Quantité **4 portions**

PAR PORTION	
Calories	384
Protéines	39 g
M.G.	8 g
Glucides	42 g
Fibres	3 g
Fer	2 mg
Calcium	37 mg
Sodium	2 812 mg

15 ml (1 c. à soupe)
d'huile d'olive

Sel et poivre au goût

4 poitrines de poulet sans
peau coupées en lanières

250 ml (1 tasse)
de pois sucrés

1 brocoli coupé en
petits bouquets

3 demi-poivrons de couleurs
variées coupés en cubes
(facultatif)

25 ml (5 c. à thé)
de fécule de maïs

Pour la sauce :

180 ml (¾ de tasse)
de sauce teriyaki épaisse

60 ml (¼ de tasse) de miel

45 ml (3 c. à soupe)
de sauce soya

20 ml (4 c. à thé)
d'ail haché

20 ml (4 c. à thé)
de gingembre haché

1. Dans une grande poêle, chauffer l'huile à feu moyen. Saler et poivrer les lanières de poulet. Faire dorer les lanières de 2 à 3 minutes sur toutes les faces. Retirer du feu et laisser tiédir.

2. Dans un grand sac hermétique, déposer les ingrédients de la sauce. Secouer. Ajouter les lanières de poulet et secouer de nouveau pour bien enrober les lanières de sauce.

3. Dans un autre sac hermétique, déposer les pois sucrés, le brocoli et, si désiré, les poivrons.

4. Déposer les sacs à plat au congélateur.

5. La veille du repas, laisser décongeler les sacs au réfrigérateur en les déposant dans des bols pour éviter les dégâts.

6. Au moment de la cuisson, transvider la préparation au poulet dans la mijoteuse. Couvrir et cuire de 4 heures 30 minutes à 5 heures 30 minutes à faible intensité.

7. Ajouter la préparation aux légumes dans la mijoteuse. Délayer la fécule de maïs dans un peu d'eau froide, puis la verser dans la mijoteuse en remuant. Couvrir et poursuivre la cuisson 30 minutes à intensité élevée.

N'oubliez pas d'ajouter les légumes seulement 30 minutes avant la fin de la cuisson. Autrement, le goût du brocoli risque de prendre toute la place, et même d'éclipser celui du poulet.

Richard est chef chez Pratico et il adore cuisiner à la mijoteuse. Puisqu'il a la dent sucrée, il aime bien utiliser sa mijoteuse pour préparer des desserts pour lui et sa fille Marilie.

Filet de porc caramélisé aux pommes

Préparation **30 minutes** / Cuisson à faible intensité **5 heures** / Quantité **4 portions**

PAR PORTION	
Calories	686
Protéines	60 g
M.G.	28 g
Glucides	47 g
Fibres	4 g
Fer	3 mg
Calcium	88 mg
Sodium	1778 mg

3 pommes
Délicieuse jaune

1 filet de porc de
600 g (environ 1 ⅓ lb)

100 g (3 ½ oz) de halloumi
(fromage à griller de type
Doré-mi) coupé en bâtonnets

Sel et poivre au goût

8 tranches de bacon

15 ml (1 c. à soupe)
d'huile d'olive

Pour la sauce :

125 ml (½ tasse)
de sauce barbecue

125 ml (½ tasse) de compote
de pommes non sucrée

30 ml (2 c. à soupe)
de sirop d'érable

½ oignon haché

1. Couper une pomme en deux. Couper la moitié de la pomme en tranches fines, puis couper l'autre moitié ainsi que les deux autres pommes en quartiers.

2. Couper le filet de porc en deux sur l'épaisseur, sans le trancher complètement. Ouvrir le filet en portefeuille, puis le garnir de tranches de pomme et de bâtonnets de fromage. Saler et poivrer. Refermer le filet.

3. Déposer les tranches de bacon sur le plan de travail en les superposant légèrement. Déposer le filet de porc au centre des tranches. Enrouler les tranches de bacon autour du filet. Ficeler.

4. Dans une grande poêle, chauffer l'huile à feu moyen. Saler et poivrer le filet de porc. Faire dorer le filet de 4 à 5 minutes sur toutes les faces. Retirer du feu et réserver dans une assiette.

5. Dans la même poêle, cuire les quartiers de pomme 1 minute de chaque côté. Retirer du feu et laisser tiédir.

6. Dans un grand sac hermétique, déposer les ingrédients de la sauce. Secouer. Ajouter le filet de porc et les quartiers de pomme. Retirer l'air du sac et sceller.

7. Déposer le sac à plat au congélateur.

8. La veille du repas, laisser décongeler le sac au réfrigérateur en le déposant dans un bol pour éviter les dégâts.

9. Au moment de la cuisson, transvider la préparation dans la mijoteuse. Couvrir et cuire de 5 à 6 heures à faible intensité.

Poulet à l'ananas, sauce aigre-douce

Préparation **20 minutes** / Cuisson à faible intensité **4 heures 15 minutes** / Quantité **4 portions**

PAR PORTION	
Calories	334
Protéines	32 g
M.G.	10 g
Glucides	29 g
Fibres	2 g
Fer	2 mg
Calcium	50 mg
Sodium	1043 mg

15 ml (1 c. à soupe) d'huile d'olive

Sel et poivre au goût

600 g (environ 1 ⅓ lb) de hauts de cuisses de poulet désossés et sans peau, coupés en cubes

1 boîte d'ananas en gros morceaux de 398 ml

½ petit oignon rouge haché

3 demi-poivrons de couleurs variées coupés en cubes

15 ml (1 c. à soupe) de fécule de maïs

60 ml (¼ de tasse) d'oignons verts hachés

Pour la sauce :

125 ml (½ tasse) de bouillon de poulet

45 ml (3 c. à soupe) de ketchup

45 ml (3 c. à soupe) de sauce soya

30 ml (2 c. à soupe) de vinaigre de riz

30 ml (2 c. à soupe) de sirop d'érable

15 ml (1 c. à soupe) de gingembre haché

10 ml (2 c. à thé) d'ail haché

1. Dans une grande poêle, chauffer l'huile à feu moyen. Saler et poivrer les cubes de poulet. Faire dorer les cubes de 2 à 3 minutes sur toutes les faces. Retirer de la poêle et réserver dans une assiette.

2. Égoutter la boîte d'ananas au-dessus d'un bol afin de récupérer le jus. Réserver le jus.

3. Dans la même poêle, faire dorer les morceaux d'ananas de 2 à 3 minutes à feu doux-moyen. Retirer du feu et laisser tiédir.

4. Dans un grand sac hermétique, déposer les ingrédients de la sauce. Secouer. Ajouter le jus d'ananas, le poulet, les morceaux d'ananas et l'oignon rouge. Secouer de nouveau pour bien enrober les aliments de sauce. Retirer l'air du sac et sceller.

5. Dans un autre sac hermétique, déposer les poivrons. Retirer l'air du sac et sceller.

6. Déposer les sacs à plat au congélateur.

7. La veille du repas, laisser décongeler les sacs au réfrigérateur en les déposant dans des bols pour éviter les dégâts.

8. Au moment de la cuisson, transvider la préparation au poulet dans la mijoteuse. Couvrir et cuire de 4 à 5 heures à faible intensité.

9. Ajouter les poivrons dans la mijoteuse. Délayer la fécule de maïs dans un peu d'eau froide, puis verser dans la mijoteuse en remuant. Couvrir et poursuivre la cuisson 15 minutes à faible intensité.

10. Au moment de servir, garnir d'oignons verts.

Spare ribs à l'asiatique

Préparation **15 minutes** / Cuisson à faible intensité **6 heures 15 minutes**
Quantité **4 portions**

PAR PORTION	
Calories	876
Protéines	54 g
M.G.	46 g
Glucides	60 g
Fibres	1 g
Fer	4 mg
Calcium	132 mg
Sodium	1091 mg

1,5 kg (3 ⅓ lb) de petites
côtes levées de dos de porc

30 ml (2 c. à soupe)
de fécule de maïs

Pour la sauce :

375 ml (1 ½ tasse)
de bouillon de poulet

250 ml (1 tasse)
de cassonade

60 ml (¼ de tasse) de sauce
soya réduite en sodium

45 ml (3 c. à soupe)
de mélasse

15 ml (1 c. à soupe) d'ail haché

15 ml (1 c. à soupe) de
gingembre haché

2,5 ml (½ c. à thé) de mélange
chinois cinq épices

1 oignon haché finement

1. Couper les côtes levées
entre chaque os.

2. Dans un grand sac
hermétique, déposer les
ingrédients de la sauce.
Secouer. Ajouter les côtes
levées et secouer de
nouveau afin de bien les
enrober de sauce. Retirer
l'air du sac et sceller.

3. Déposer le sac à plat
au congélateur.

4. La veille du repas,
laisser décongeler le sac
au réfrigérateur en le
déposant dans un bol pour
éviter les dégâts.

5. Au moment de la cuisson, transvider la prépa-
ration dans la mijoteuse.
Couvrir et cuire de 6 à
7 heures à faible intensité.

6. Délayer la fécule de
maïs dans un peu d'eau
froide et verser dans la
mijoteuse en remuant.
Couvrir et poursuivre
la cuisson 15 minutes à
faible intensité.

7. Retirer les côtes levées
de la mijoteuse et réserver
dans une assiette.

8. À l'aide d'une passoire
fine, filtrer la sauce contenue dans la mijoteuse
au-dessus d'une casse-
role. Porter à ébullition,
puis laisser mijoter de 5
à 7 minutes à feu moyen,
jusqu'à l'obtention d'une
texture sirupeuse.

9. Ajouter les côtes levées
dans la casserole et
remuer délicatement pour
bien les enrober de sauce.

Soupe aux lentilles et au bœuf

Préparation **15 minutes** / Cuisson à faible intensité **7 heures** / Quantité **4 portions**

PAR PORTION	
Calories	384
Protéines	37 g
M.G.	8 g
Glucides	43 g
Fibres	6 g
Fer	8 mg
Calcium	145 mg
Sodium	1037 mg

1 boîte de tomates en dés de 796 ml

750 ml (3 tasses) de bouillon de bœuf

15 ml (1 c. à soupe) d'ail haché

2,5 ml (½ c. à thé) de thym séché

2,5 ml (½ c. à thé) d'origan séché

2 carottes coupées en dés

2 branches de céleri coupées en dés

1 oignon haché

1 feuille de laurier

Sel et poivre au goût

1 rôti de palette de bœuf sans os de 450 g (1 lb)

180 ml (¾ de tasse) de lentilles vertes sèches

1. Dans un bol, mélanger les tomates en dés avec le bouillon de bœuf, l'ail, le thym, l'origan, les carottes, le céleri, l'oignon et le laurier. Saler et poivrer.

2. Transvider la préparation dans un grand sac hermétique. Ajouter le rôti de palette. Retirer l'air du sac et sceller.

3. Déposer le sac à plat au congélateur.

4. La veille du repas, laisser décongeler le sac au réfrigérateur en le déposant dans un bol pour éviter les dégâts.

5. Au moment de la cuisson, transvider la préparation dans la mijoteuse.

6. À l'aide d'une passoire fine, rincer et égoutter les lentilles. Ajouter les lentilles dans la mijoteuse.

7. Couvrir et cuire de 7 à 8 heures à faible intensité.

8. Retirer le bœuf de la mijoteuse. Effilocher le bœuf à l'aide de deux fourchettes, puis le remettre dans la mijoteuse. Remuer.

Filet de porc moutarde et miel

Préparation 10 minutes / Cuisson à faible intensité **4 heures 15 minutes**
Quantité **4 portions**

PAR PORTION	
Calories	287
Protéines	34 g
M.G.	6 g
Glucides	23 g
Fibres	0 g
Fer	2 mg
Calcium	23 mg
Sodium	355 mg

15 ml (1 c. à soupe)
d'huile d'olive

Sel et poivre au goût

1 filet de porc de 600 g
(environ 1 ⅓ lb)

80 ml (⅓ de tasse)
de bouillon de poulet

60 ml (¼ de tasse) d'échalotes
sèches (françaises) hachées

60 ml (¼ de tasse) de miel

30 ml (2 c. à soupe)
de moutarde à l'ancienne

15 ml (1 c. à soupe)
de sauce Worcestershire

15 ml (1 c. à soupe) d'ail haché

5 ml (1 c. à thé) de thym haché

Sel et poivre au goût

15 ml (1 c. à soupe)
de fécule de maïs

1. Dans une grande poêle,
chauffer l'huile à feu
moyen. Saler et poivrer le
filet de porc. Faire dorer le
filet de 4 à 5 minutes sur
toutes les faces. Retirer
du feu et laisser tiédir.

2. Dans un bol, mélanger
le bouillon de poulet avec
les échalotes, le miel, la
moutarde, la sauce Worcestershire, l'ail et le thym.

3. Dans un grand sac
hermétique, transvider la
préparation à la moutarde.
Ajouter le filet de porc dans
le sac et secouer pour bien
l'enrober de sauce. Retirer
l'air du sac et sceller.

4. Déposer le sac à plat
au congélateur.

5. La veille du repas, laisser
décongeler le sac au réfrigérateur en le déposant
dans un bol pour éviter
les dégâts.

6. Au moment de la cuisson, transvider la préparation dans la mijoteuse.
Couvrir et cuire 4 heures
à faible intensité.

7. Délayer la fécule de maïs
dans un peu d'eau froide,
puis la verser dans la
mijoteuse en remuant.
Couvrir et poursuivre
la cuisson 15 minutes
à faible intensité.

4 ingrédients
seulement

Votre garde-manger est dégarni ? Votre frigo crie famine ? Croyez-le ou non, vous pouvez mitonner des repas gourmands en ayant en main quatre ingrédients seulement ! Et on vous le prouve avec ces huit recettes qui incluent un filet de porc caramélisé, du poulet ranch et des fajitas. Ajoutez-les à votre répertoire des mijotés « sauve-la-vie » !

Bœuf à la soupe à l'oignon

Préparation **10 minutes** / Cuisson à faible intensité **8 heures** / Quantité **4 portions**

PAR PORTION	
Calories	430
Protéines	44 g
M.G.	14 g
Glucides	32 g
Fibres	5 g
Fer	5 mg
Calcium	58 mg
Sodium	840 mg

4 grosses carottes coupées en rondelles

450 g (1 lb) de patates grelots coupées en deux

1 rôti de palette de bœuf sans os de 800 g (environ 1 ¾ lb)

1 sachet de soupe à l'oignon de 28 g

1. Dans la mijoteuse, déposer les carottes et les patates grelots. Ajouter le rôti de palette, la soupe à l'oignon et 250 ml (1 tasse) d'eau. Remuer.

2. Couvrir et cuire à faible intensité 8 heures.

Mon petit gourmand a vraiment adoré cette recette ! Considérant sa rapidité d'exécution, disons que j'étais bien contente de savoir qu'elle pourra s'ajouter à mon répertoire de recettes express !

Alex aime cuisiner à la mijoteuse pour faire plaisir à son fils et à son chum. Le plus heureux là-dedans, c'est certainement Matteo, presque 2 ans, qui adore s'empiffrer des bons petits plats que lui cuisine sa maman !

Pilons de poulet barbecue

Préparation **10 minutes** / Cuisson à faible intensité **6 heures** / Quantité **4 portions**

PAR PORTION	
Calories	400
Protéines	13 g
M.G.	9 g
Glucides	62 g
Fibres	0 g
Fer	2 mg
Calcium	14 mg
Sodium	1420 mg

12 pilons de poulet
avec la peau

1 oignon coupé
en demi-rondelles

1 bouteille de sauce BBQ
pour côtes levées et poulet
(de type Diana) de 500 ml

15 ml (1 c. à soupe) de bouillon
de poulet concentré liquide
(de type Bovril)

1. Dans une poêle, chauffer
un peu d'huile d'olive à
feu moyen-élevé. Saisir
les pilons de poulet de 1 à
2 minutes de chaque côté.

2. Dans la mijoteuse,
déposer les pilons de
poulet et l'oignon.

3. Dans un bol, mélanger
la sauce avec le bouillon
de poulet concentré et
375 ml (1 ½ tasse) d'eau.
Verser la préparation
dans la mijoteuse.

4. Couvrir et cuire à faible
intensité 6 heures.

La bonne taille de mijoteuse

Pour une cuisson uniforme, il est essentiel que les pilons de
poulet soient disposés côte à côte, et non empilés les uns
sur les autres. Ainsi, il est préférable d'utiliser une mijoteuse
d'assez grande taille pour pouvoir réaliser cette recette.

Filet de porc caramélisé

Préparation **5 minutes** / Cuisson à faible intensité **4 heures** / Quantité **4 portions**

PAR PORTION	
Calories	363
Protéines	39 g
M.G.	3 g
Glucides	42 g
Fibres	3 g
Fer	2 mg
Calcium	65 mg
Sodium	1150 mg

1 filet de porc de 675 g
(environ 1 ½ lb)

180 ml (¾ de tasse)
de sauce chili

125 ml (½ tasse)
de sirop d'érable

1 sachet de soupe
à l'oignon de 28 g

1. Dans la mijoteuse,
déposer le filet de porc.

2. Dans un bol, mélanger
la sauce chili avec le sirop
d'érable et la soupe à l'oignon. Verser la préparation
sur le filet de porc.

3. Couvrir et cuire à faible
intensité 4 heures.

4. Retirer le filet de porc
de la mijoteuse et réserver
dans une assiette.

5. Dans une casserole,
verser la sauce contenue
dans la mijoteuse. Porter à
ébullition, puis laisser mijoter de 5 à 7 minutes à feu
doux, jusqu'à l'obtention
d'une sauce sirupeuse.

6. Au moment de servir,
napper le filet de porc
de sauce.

PAR PORTION	
Calories	554
Protéines	47 g
M.G.	34 g
Glucides	13 g
Fibres	1 g
Fer	1 mg
Calcium	168 mg
Sodium	899 mg

Poulet ranch

Préparation **15 minutes** / Cuisson à faible intensité **4 heures** / Quantité **4 portions**

4 poitrines de poulet
sans peau

1 boîte de crème de poulet
condensée de 284 ml

1 sachet de mélange pour
salades et trempettes ranch
(de type Club House) de 28 g

1 paquet de fromage à
la crème de 250 g, coupé
en petits cubes

1. Dans une poêle, chauffer
un peu d'huile de canola
à feu moyen. Saisir les
poitrines de poulet de
1 à 2 minutes de chaque
côté. Déposer les poitrines
dans la mijoteuse.

2. Ajouter la crème de
poulet, le mélange pour
salades et trempettes
ranch ainsi que les cubes
de fromage à la crème
dans la mijoteuse. Remuer.

3. Couvrir et cuire à faible
intensité de 4 à 5 heures.

4. Si la sauce est trop
liquide, retirer les poitrines
de la mijoteuse et réserver
dans une assiette. Laisser
réduire la sauce dans
la mijoteuse à intensité
élevée de 5 à 10 minutes,
à découvert.

Des tests qui ont valu le coup !
Il aura fallu tester cette recette à plusieurs reprises :
du premier au dernier essai, la recette a entièrement
été transformée. Mais cet investissement de temps
aura valu la peine, car on peut maintenant dire sans
gêne que ce poulet ranch est un franc succès !

Filet de porc miel et ail

Préparation **5 minutes** / Cuisson à faible intensité **5 heures** / Quantité **4 portions**

PAR PORTION	
Calories	493
Protéines	39 g
M.G.	2 g
Glucides	76 g
Fibres	3 g
Fer	3 mg
Calcium	91 mg
Sodium	685 mg

4 grosses carottes coupées en rondelles

2 oignons hachés grossièrement

1 filet de porc de 675 g (environ 1 ½ lb)

1 bouteille de sauce miel et ail de 341 ml

1. Dans la mijoteuse, déposer les carottes et les oignons. Déposer le filet de porc sur les légumes.

2. Verser la sauce miel et ail sur le filet.

3. Couvrir et cuire à faible intensité de 5 à 6 heures.

Cette recette a vraiment un bon petit goût sucré. En cours de cuisson, les carottes concentrent leur sucre et absorbent le miel, ce qui leur donne un goût irrésistible. Ça a particulièrement plu à mon petit Elliot !

Chantal, mère d'Elliot, 5 ans, aime cuisiner à la mijoteuse pour gagner du temps. Entre le travail, la maternelle, les pratiques de soccer et les parties de hockey, la vie est réglée au quart de tour et c'est bien pratique d'avoir un repas prêt à déguster en arrivant à la maison !

Poulet champignons et bacon

Préparation **10 minutes** / Cuisson à faible intensité **6 heures** / Quantité **4 portions**

PAR PORTION	
Calories	451
Protéines	44 g
M.G.	24 g
Glucides	12 g
Fibres	1 g
Fer	3 mg
Calcium	30 mg
Sodium	1370 mg

12 hauts de cuisses
de poulet

1 boîte de crème
de champignons de 284 ml

1 boîte de crème
de bacon de 284 ml

4 tranches de bacon
cuites et émiettées

1. Dans une poêle, chauffer un peu d'huile d'olive à feu moyen-élevé. Saisir les hauts de cuisses de 1 à 2 minutes de chaque côté. Saler et poivrer. Déposer les hauts de cuisses dans la mijoteuse.

2. Dans la mijoteuse, verser la crème de champignons, la crème de bacon et environ 125 ml (½ tasse) d'eau. Ajouter le bacon émietté et remuer.

3. Couvrir et cuire à faible intensité de 6 à 7 heures.

Mijoté de porc au bouillon à fondue

Préparation **5 minutes** / Cuisson à faible intensité **8 heures** / Quantité **4 portions**

PAR PORTION	
Calories	432
Protéines	42 g
M.G.	13 g
Glucides	18 g
Fibres	4 g
Fer	4 mg
Calcium	60 mg
Sodium	790 mg

1 sac de légumes surgelés pour mijoteuse (de type Arctic Gardens) de 750 g

755 g (1 ⅔ lb) de cubes de porc à ragoût

30 ml (2 c. à soupe) de moutarde de Dijon

1 contenant de bouillon à fondue (de type L'Original de Canton) de 1,1 litre

1. Dans une poêle, chauffer un peu d'huile d'olive à feu moyen-élevé. Faire revenir les légumes jusqu'à ce qu'ils soient décongelés. Bien égoutter les légumes.

2. Dans un bol, mélanger les cubes de porc avec la moutarde de Dijon. Déposer les cubes de porc dans la mijoteuse.

3. Ajouter le bouillon à fondue et les légumes dans la mijoteuse. Remuer.

4. Couvrir et cuire à faible intensité 8 heures.

5. Si le bouillon est trop liquide, retirer le couvercle de la mijoteuse et laisser réduire de 5 à 10 minutes à intensité élevée.

Fajitas au poulet

Préparation **10 minutes** / Cuisson à faible intensité **6 heures** / Quantité **4 portions**

PAR PORTION	
Calories	293
Protéines	42 g
M.G.	5 g
Glucides	18 g
Fibres	2 g
Fer	2 mg
Calcium	79 mg
Sodium	890 mg

4 poitrines de poulet
sans peau

1 oignon haché

1 sachet d'assaisonnements
à fajitas de 24 g

1 boîte de tomates en dés ail
et huile d'olive de 540 ml

1. Dans la mijoteuse,
déposer les poitrines de
poulet et l'oignon. Saupoudrer d'assaisonnements
à fajitas et remuer pour
bien enrober le poulet
et l'oignon.

2. Ajouter les tomates
en dés. Remuer.

3. Couvrir et cuire à faible
intensité de 6 à 7 heures.

4. Retirer le poulet de la
mijoteuse et le déposer
dans une assiette. À l'aide
de fourchettes, défaire
le poulet en morceaux.
Remettre le poulet dans
la mijoteuse et remuer.

5. Servir le poulet dans
des tortillas avec des
garnitures au choix
(crème sure, fromage
râpé, coriandre, lime, etc.).

*C'est la parfaite recette
pour faire manger
plus de légumes aux
enfants : on peut ajouter
des champignons
sautés, des lanières de
poivrons, des oignons...
Avec un extra légumes,
les fajitas semblent
encore plus appétissantes !*

Rémy est le père de 2 adolescents,
Samuel, 14 ans, et Joanie, 17 ans.
Entre le travail, les pratiques de
hockey, de soccer et de football
et son rôle de coach, le moins que
l'on puisse dire, c'est que chaque
minute est comptée ! Il l'avoue
lui-même, l'as de la mijoteuse,
c'est sa blonde Julie, qui l'utilise
principalement pour préparer des
soupers de semaine.

Parfait
pour recevoir !

Rôti de palette érable et balsamique, osso buco de veau, coq au vin, chaudrée de la mer... Vous avez déjà l'eau à la bouche? C'est de bon augure, puisque cette alléchante brochette de recettes à la mijoteuse se révèle parfaite pour recevoir et régaler comme il se doit ceux que l'on aime. Testées et approuvées par la famille Pratico-pratiques, amis compris!

Bœuf au vin rouge

Préparation 30 minutes / Cuisson à faible intensité 7 heures / Quantité 4 portions

PAR PORTION	
Calories	1063
Protéines	63 g
M.G.	40 g
Glucides	106 g
Fibres	11 g
Fer	10 mg
Calcium	137 mg
Sodium	1207 mg

15 ml (1 c. à soupe) d'huile d'olive

Sel et poivre au goût

1 rôti de palette de bœuf sans os de 800 g (environ 1 ¾ lb)

1 paquet de pancetta cuite en dés de 175 g

1 oignon haché

10 à 12 pommes de terre grelots

3 carottes coupées en rondelles

Pour la sauce:

45 ml (3 c. à soupe) de beurre

45 ml (3 c. à soupe) de farine

250 ml (1 tasse) de vin rouge

250 ml (1 tasse) de bouillon de bœuf

15 ml (1 c. à soupe) d'assaisonnements italiens

10 ml (2 c. à thé) d'ail haché

1 feuille de laurier

1. Dans une grande poêle, chauffer l'huile à feu moyen. Saler et poivrer le rôti de palette. Faire dorer le rôti de 2 à 3 minutes de chaque côté. Transférer dans la mijoteuse.

2. Dans la même poêle, cuire la pancetta de 1 à 2 minutes, jusqu'à ce qu'elle soit légèrement dorée. Transférer dans la mijoteuse.

3. Dans la même poêle, faire fondre le beurre à feu doux. Incorporer la farine et cuire 1 minute en remuant.

4. Verser le vin rouge et le bouillon de bœuf dans la poêle en fouettant. Ajouter les assaisonnements italiens, l'ail et le laurier. Porter à ébullition.

5. Verser la préparation au vin rouge sur le rôti de palette. Ajouter l'oignon, les pommes de terre et les carottes. Remuer.

6. Couvrir et cuire de 7 à 8 heures à faible intensité.

Coq au vin

Préparation **30 minutes** / Cuisson à faible intensité **7 heures** / Quantité **4 portions**

PAR PORTION	
Calories	323
Protéines	24 g
M.G.	10 g
Glucides	16 g
Fibres	3 g
Fer	3 mg
Calcium	37 mg
Sodium	340 mg

60 ml (¼ de tasse) de farine

4 cuisses de poulet sans peau

15 ml (1 c. à soupe) d'huile d'olive

6 tranches de bacon coupées en morceaux

1 contenant de champignons de 227 g, coupés en deux

375 ml (1 ½ tasse) de vin rouge

30 ml (2 c. à soupe) de pâte de tomates

12 oignons perlés (non marinés) pelés

10 ml (2 c. à thé) d'ail haché

5 ml (1 c. à thé) de thym haché

1 feuille de laurier

Sel et poivre au goût

1. Fariner les cuisses de poulet.

2. Dans une grande poêle, chauffer l'huile à feu moyen. Faire dorer les cuisses de poulet de 3 à 4 minutes. Transférer dans la mijoteuse.

3. Dans la même poêle, cuire le bacon de 4 à 5 minutes à feu moyen. Transférer dans la mijoteuse.

4. Égoutter le surplus de gras de la poêle, puis y cuire les champignons de 5 à 7 minutes à feu doux-moyen. Transférer dans la mijoteuse.

5. Ajouter le vin rouge, la pâte de tomates, les oignons perlés, l'ail, le thym et le laurier dans la mijoteuse. Saler et poivrer. Remuer.

6. Couvrir et cuire de 7 à 8 heures à faible intensité.

Si vous ne trouvez pas de cuisses de poulet sans peau à l'épicerie, sachez que la peau de celles-ci se retire très facilement. J'ai été vraiment surprise de le constater ! Je vais assurément cuisiner cette recette à nouveau !

Marie-Pier était très contente d'avoir enfin trouvé une recette de coq au vin qui lui rappelle celui de sa maman. En plus, à la mijoteuse, c'est encore plus simple à cuisiner !

Rôti de porc et pommes de terre

Préparation **20 minutes** / Cuisson à faible intensité **6 heures** / Quantité **4 portions**

PAR PORTION	
Calories	522
Protéines	39 g
M.G.	28 g
Glucides	33 g
Fibres	5 g
Fer	5 mg
Calcium	99 mg
Sodium	584 mg

1 rôti d'épaule de porc avec os de 1 kg (environ 2 ¼ lb)

2 gousses d'ail pelées et coupées en quatre morceaux chacune

15 ml (1 c. à soupe) d'huile d'olive

Sel et poivre au goût

4 pommes de terre rouges coupées en quartiers

2 carottes coupées en morceaux

500 ml (2 tasses) de haricots verts et jaunes

Pour la sauce :

250 ml (1 tasse) de bouillon de poulet

125 ml (½ tasse) de vin blanc

30 ml (2 c. à soupe) de moutarde de Dijon

5 ml (1 c. à thé) de thym séché

5 ml (1 c. à thé) de romarin séché

1 oignon haché

Sel et poivre au goût

1. Retirer la couenne et le gras du rôti.

2. À l'aide de la pointe d'un couteau, pratiquer huit petites incisions dans la chair du rôti et y insérer les morceaux d'ail.

3. Dans une grande poêle, chauffer l'huile à feu moyen. Saler et poivrer le rôti de porc. Faire dorer le rôti de 4 à 5 minutes sur toutes les faces.

4. Dans la mijoteuse, fouetter les ingrédients de la sauce.

5. Ajouter le rôti, les pommes de terre et les carottes dans la mijoteuse. Remuer. Couvrir et cuire de 5 heures 30 minutes à 6 heures 30 minutes à faible intensité.

6. Ajouter les haricots dans la mijoteuse. Remuer. Couvrir et poursuivre la cuisson 30 minutes à faible intensité.

Lasagne au saumon

Préparation **35 minutes** / Cuisson à faible intensité **4 heures** / Quantité **6 portions**

PAR PORTION	
Calories	906
Protéines	50 g
M.G.	56 g
Glucides	40 g
Fibres	2 g
Fer	3 mg
Calcium	839 mg
Sodium	1260 mg

500 ml (2 tasses)
de sauce Alfredo

1 contenant de mascarpone
de 250 g

80 ml (⅓ de tasse) de lait 2 %

80 ml (⅓ de tasse)
de bouillon de poulet

Sel et poivre au goût

60 ml (¼ de tasse)
d'aneth haché

60 ml (¼ de tasse)
de ciboulette hachée

1 contenant de ricotta
de 475 g

250 ml (1 tasse)
de parmesan râpé

250 ml (1 tasse)
de mozzarella râpée

9 pâtes à lasagne

675 g (environ 1 ½ lb) de filet
de saumon, la peau enlevée
et coupé en tranches fines

300 g (⅔ de lb) d'asperges
coupées en morceaux

1. Dans un bol, déposer la sauce Alfredo, le mascarpone, le lait et le bouillon. Saler et poivrer. À l'aide du mélangeur-plongeur, émulsionner la préparation jusqu'à l'obtention d'une sauce lisse.

2. Ajouter les fines herbes et remuer.

3. Dans un autre bol, mélanger la ricotta avec la moitié du parmesan et de la mozzarella.

4. Dans la mijoteuse, verser un peu de sauce Alfredo. Couvrir le fond de la mijoteuse de trois pâtes à lasagne, en les cassant au besoin. Couvrir de la moitié du saumon, des asperges, de la préparation à la ricotta et de la sauce. Répéter ces étapes une fois. Couvrir avec les pâtes à lasagne restantes. Parsemer du reste du parmesan et de la mozzarella.

5. Couvrir et cuire de 4 à 5 heures à faible intensité, jusqu'à ce que les pâtes soient *al dente*.

Cette lasagne est vraiment parfaite pour recevoir : pas besoin de se casser la tête et de passer des heures derrière les fourneaux ! Elle tolère toutefois mal le mode « réchaud », donc il est préférable de la servir dès qu'elle est prête. Tout le monde en a raffolé !

Depuis qu'elle a testé cette lasagne, Josée adore la préparer à son fils Liam quand il vient souper à la maison !

Boulettes aux pêches

Préparation **30 minutes** / Cuisson à faible intensité **4 heures** / Quantité **4 portions**

PAR PORTION	
Calories	472
Protéines	28 g
M.G.	21 g
Glucides	46 g
Fibres	5 g
Fer	5 mg
Calcium	90 mg
Sodium	657 mg

15 ml (1 c. à soupe) d'huile d'olive

60 ml (¼ de tasse) de sirop d'érable

3 demi-poivrons de couleurs variées émincés

½ oignon rouge coupé en cubes

2 pêches coupées en quartiers

Pour la sauce :

375 ml (1 ½ tasse) de sauce tomate

30 ml (2 c. à soupe) de cassonade

20 ml (4 c. à thé) de vinaigre de riz

15 ml (1 c. à soupe) de paprika fumé doux

Pour les boulettes :

450 g (1 lb) de veau haché maigre

80 ml (⅓ de tasse) de chapelure assaisonnée à l'italienne

60 ml (¼ de tasse) d'échalotes sèches (françaises) hachées

15 ml (1 c. à soupe) de persil haché

15 ml (1 c. à soupe) d'ail haché

1 œuf

Sel et poivre au goût

1. Dans la mijoteuse, mélanger les ingrédients de la sauce.

2. Dans un bol, mélanger les ingrédients des boulettes. Façonner des boulettes en utilisant environ 30 ml (2 c. à soupe) de préparation pour chacune d'elles.

3. Dans une grande poêle, chauffer l'huile d'olive à feu moyen. Faire dorer les boulettes de 4 à 5 minutes sur toutes les faces.

4. Ajouter le sirop d'érable et poursuivre la cuisson de 2 à 3 minutes en remuant de temps en temps, jusqu'à ce que les boulettes soient légèrement caramélisées.

5. Transférer les boulettes ainsi que le jus de cuisson contenu dans la poêle dans la mijoteuse. Remuer délicatement.

6. Couvrir et cuire de 3 heures 30 minutes à 4 heures 30 minutes à faible intensité.

7. Ajouter les poivrons, l'oignon rouge et les pêches dans la mijoteuse. Remuer. Couvrir et poursuivre la cuisson 30 minutes à faible intensité.

Rôti de palette érable et balsamique

Préparation **15 minutes** / Cuisson à faible intensité **7 heures** / Quantité **4 portions**

PAR PORTION	
Calories	444
Protéines	43 g
M.G.	17 g
Glucides	28 g
Fibres	3 g
Fer	5 mg
Calcium	87 mg
Sodium	709 mg

Sel et poivre au goût

1 rôti de palette de bœuf sans os de 800 g (environ 1 ¾ lb)

15 ml (1 c. à soupe) d'huile d'olive

2 oignons coupés en rondelles épaisses

4 carottes coupées en deux sur la longueur

80 ml (⅓ de tasse) de bouillon de bœuf

60 ml (¼ de tasse) de sirop d'érable

45 ml (3 c. à soupe) de vinaigre balsamique

30 ml (2 c. à soupe) de sauce soya

1. Saler et poivrer le rôti de palette.

2. Dans une poêle, chauffer l'huile à feu moyen. Saisir le rôti 2 minutes de chaque côté. Transférer dans la mijoteuse.

3. Répartir les rondelles d'oignons et les carottes autour du rôti. Ajouter le bouillon de bœuf, le sirop d'érable, le vinaigre balsamique et la sauce soya.

4. Couvrir et cuire de 7 à 8 heures à faible intensité.

Cette recette est un must pour recevoir ! Elle est simple et elle a plu autant aux invités qu'à mon fils. Tout le monde peut donc manger la même chose, et ça, j'adore !

Matteo, le fils d'Alex, a particuliè-rement adoré les carottes et leur petit côté sucré !

Osso buco de veau aux champignons et vin blanc

Préparation **30 minutes** / Cuisson à faible intensité **7 heures 30 minutes**
Quantité **4 portions**

PAR PORTION	
Calories	583
Protéines	53 g
M.G.	23 g
Glucides	33 g
Fibres	3 g
Fer	4 mg
Calcium	96 mg
Sodium	396 mg

60 ml (¼ de tasse) de farine

Sel et poivre au goût

4 jarrets de veau de 4 cm (1 ½ po) d'épaisseur

60 ml (¼ de tasse) de beurre

4 portobellos émincés

125 ml (½ tasse) de vin blanc

500 ml (2 tasses) de fond de veau

1 oignon haché

3 à 4 pommes de terre pelées et coupées en deux

2,5 ml (½ c. à thé) de thym séché

1 feuille de laurier

60 ml (¼ de tasse) de lait 2 % chaud

1. Dans une assiette creuse, déposer la farine. Saler et poivrer.

2. Fariner les jarrets de veau et secouer pour retirer l'excédent.

3. Dans une grande poêle, faire fondre 15 ml (1 c. à soupe) de beurre à feu moyen. Faire dorer les jarrets de veau de 2 à 3 minutes de chaque côté. Transférer dans la mijoteuse.

4. Dans la même poêle, faire fondre 15 ml (1 c. à soupe) de beurre à feu moyen. Cuire les portobellos de 5 à 7 minutes.

5. Ajouter le vin blanc et laisser mijoter jusqu'à évaporation presque complète du liquide.

6. Transférer les portobellos dans la mijoteuse. Ajouter le fond de veau, l'oignon, les pommes de terre, le thym et le laurier. Remuer.

7. Couvrir et cuire de 7 à 8 heures à faible intensité, jusqu'à ce que les jarrets de veau se défassent facilement à la fourchette.

8. Préchauffer le four à 90 °C (200 °F).

9. Retirer les jarrets de veau et les champignons de la mijoteuse, puis les déposer dans un plat de cuisson. Réserver au four. Déposer les pommes de terre dans un bol.

10. Verser la sauce contenue dans la mijoteuse dans une casserole. Porter à ébullition,

puis laisser mijoter de 15 à 20 minutes à feu moyen, jusqu'à ce que la sauce ait légèrement épaissi.

11. Pendant ce temps, réduire les pommes de terre en purée avec le lait chaud et le beurre restant.

12. Répartir la purée de pommes de terre dans les assiettes. Garnir de jarrets de veau, de champignons et de sauce.

" Pour une purée de pommes de terre encore plus goûteuse, faites dorer les pommes de terre dans la poêle, avec la viande, avant de les déposer dans la mijoteuse. Vous verrez, votre purée sera parfumée à souhait ! "

Laurence est une grande sportive qui a toujours mille et un projets. Elle trouve donc que cuisiner à la mijoteuse est bien pratique pour gagner du temps ! Même si elle est très occupée, elle se garde toujours un moment pour jouer avec son chien Jack et passer du temps avec son chum David.

Filet de porc à l'oignon et au vin rouge

Préparation **10 minutes** / Cuisson à faible intensité **4 heures** / Quantité **4 portions**

PAR PORTION	
Calories	259
Protéines	35 g
M.G.	5 g
Glucides	10 g
Fibres	1 g
Fer	2 mg
Calcium	19 mg
Sodium	1396 mg

15 ml (1 c. à soupe)
d'huile d'olive

1 filet de porc de 600 g
(environ 1 ⅓ lb)

250 ml (1 tasse) de bouillon
de poulet

125 ml (½ tasse) de vin rouge

1 sachet de soupe à l'oignon
de 28 g

45 ml (3 c. à soupe)
de sauce HP

15 ml (1 c. à soupe)
de sauce soya

15 ml (1 c. à soupe) d'ail haché

Poivre au goût

1. Dans une grande poêle,
chauffer l'huile à feu
moyen. Faire dorer le filet
de porc de 4 à 5 minutes
sur toutes les faces.

2. Dans la mijoteuse,
mélanger le bouillon de
poulet avec le vin rouge,
le contenu du sachet de
soupe à l'oignon, la sauce
HP, la sauce soya et l'ail.
Poivrer. Ajouter le filet
de porc et remuer.

3. Couvrir et cuire de 4 à
5 heures à faible intensité.

Chaudrée de la mer

Préparation **30 minutes** / Cuisson à faible intensité **6 heures**
Cuisson à intensité élevée **30 minutes** / Quantité **4 portions**

PAR PORTION	
Calories	477
Protéines	39 g
M.G.	18 g
Glucides	40 g
Fibres	3 g
Fer	3 mg
Calcium	221 mg
Sodium	842 mg

15 ml (1 c. à soupe) d'huile d'olive

1 oignon haché

1 carotte coupée en dés

1 branche de céleri coupée en dés

10 ml (2 c. à thé) d'ail haché

30 ml (2 c. à soupe) de farine

250 ml (1 tasse) de maïs en grains

500 ml (2 tasses) de crème à cuisson 15 %

250 ml (1 tasse) de fumet de poisson liquide ou de jus de palourdes

2 pommes de terre coupées en dés

300 g (²/₃ de lb) de filet de saumon, la peau enlevée et coupé en cubes

1 boîte de palourdes de 142 g

225 g (½ lb) de petits pétoncles (calibre 100-120)

Sel et poivre au goût

1. Dans une grande poêle, chauffer l'huile à feu moyen. Cuire l'oignon, la carotte et le céleri de 2 à 3 minutes.

2. Ajouter l'ail et saupoudrer de farine. Poursuivre la cuisson 30 secondes en remuant. Transférer dans de la mijoteuse.

3. Ajouter le maïs, la crème, le fumet de poisson et les pommes de terre dans la mijoteuse. Couvrir et cuire à faible intensité de 6 à 7 heures.

4. Ajouter le saumon, les palourdes et les pétoncles. Saler et poivrer. Couvrir et poursuivre la cuisson à intensité élevée 30 minutes.

" Pour ceux qui pourraient confondre "jus de palourdes" et "jus de tomates aux palourdes de type Clamato", sachez que le vrai jus de palourdes est un liquide clair obtenu après avoir égoutté des palourdes fraîchement cuites, qui se trouve facilement en épicerie. "

Catherine a été agréablement surprise par cette recette : selon ses dires, son goût ressemble à s'y méprendre à celui d'une vraie chaudrée de fruits de mer de la Gaspésie !

Déjeuners
et brunchs

S'offrir un bon déjeuner avant d'attaquer la journée avec plaisir ou préparer un brunch du weekend à partager avec des êtres chers : voilà qui est désormais possible, et ce, sans y mettre trop d'efforts, grâce à la mijoteuse ! Des fèves au lard aux saucisses à déjeuner, en passant par les cretons, le gruau, le jambon à l'érable et l'omelette soufflée, sans oublier le pain de base, tout y est !

Brioches à la cannelle

Préparation **25 minutes** / Temps de repos **15 minutes**
Cuisson à intensité élevée **1 heures 30 minutes** / Quantité **12 brioches**

PAR PORTION	
Calories	352
Protéines	5 g
M.G.	13 g
Glucides	56 g
Fibres	1 g
Fer	2 mg
Calcium	118 mg
Sodium	44 mg

Pour la pâte :

180 ml (¾ de tasse)
de lait 2 % tiède

1 sachet de levure
instantanée à levée
rapide de 8 g

60 ml (¼ de tasse)
de sucre

2,5 ml (½ c. à thé) de sel

45 ml (3 c. à soupe)
de beurre fondu

1 œuf

680 ml (2 ¾ tasses) de farine

Pour la garniture :

125 ml (½ tasse)
de beurre ramolli

160 ml (⅔ de tasse)
de cassonade

250 ml (1 tasse)
de raisins secs

5 ml (1 c. à thé)
de cannelle

Pour le glaçage :

250 ml (1 tasse)
de sucre à glacer

5 ml (1 c. à thé)
de jus de citron

5 ml (1 c. à thé)
de lait 2 %

5 ml (1 c. à thé)
d'extrait de vanille

1. Dans un bol, mélanger le lait tiède avec la levure. Laisser reposer de 5 à 8 minutes.

2. Ajouter le sucre, le sel, le beurre fondu et l'œuf dans le bol. Remuer.

3. Incorporer graduellement la farine, puis pétrir la pâte de 2 à 3 minutes avec les mains jusqu'à l'obtention d'une boule de pâte élastique. Laisser reposer 10 minutes.

4. Dans un autre bol, mélanger le beurre ramolli avec la cassonade, les raisins secs et la cannelle.

5. Sur une surface légèrement farinée, abaisser la pâte en un rectangle de 33 cm x 25 cm (13 po x 10 po).

6. Tartiner le rectangle de pâte de préparation aux raisins secs. Rouler la pâte sur la longueur, puis couper le rouleau en douze rondelles.

7. Couvrir le fond et les parois de la mijoteuse avec du papier parchemin.

8. Déposer les rondelles de pâte côte à côte dans la mijoteuse. Pour éviter que les brioches ne deviennent trop humides, placer un linge au-dessus de l'ouverture de la mijoteuse, sans toucher les brioches, en le maintenant en place à l'aide du couvercle.

9. Cuire de 1 heure 30 minutes à 2 heures à intensité élevée.

10. Retirer les brioches de la mijoteuse et laisser tiédir.

11. Dans un bol, fouetter les ingrédients du glaçage. Napper les brioches de glaçage.

J'ai fait cette recette à deux reprises ! La deuxième fois, j'ai incorporé des mini-pépites de chocolat juste pour essayer. Verdict : c'est DÉ-LI-CIEUX ! Ça rend ces brioches plus gourmandes encore !

Marie-Pier a adoré tester, tester et retester cette recette. Pas étonnant, ces brioches sont tellement savoureuses !

Saucisses à déjeuner

Préparation **10 minutes** / Cuisson à intensité élevée **2 heures 30 minutes**
Quantité **4 portions**

PAR PORTION	
Calories	494
Protéines	14 g
M.G.	31 g
Glucides	47 g
Fibres	1 g
Fer	1 mg
Calcium	66 mg
Sodium	1299 mg

15 ml (1 c. à soupe)
d'huile d'olive

10 à 12 saucisses
à déjeuner

125 ml (½ tasse)
de ketchup

125 ml (½ tasse)
de sirop d'érable

1 oignon haché

15 ml (1 c. à soupe)
de sauce Worcestershire

5 ml (1 c. à thé)
de moutarde de Dijon

5 ml (1 c. à thé)
d'ail haché

1. Dans une grande poêle, chauffer l'huile à feu moyen. Cuire les saucisses de 3 à 4 minutes, jusqu'à ce que chacune de leurs faces soit dorée.

2. Dans la mijoteuse, mélanger le ketchup avec le sirop d'érable, l'oignon, la sauce Worcestershire, la moutarde et l'ail.

3. Ajouter les saucisses dans la mijoteuse et remuer pour bien les enrober de sauce.

4. Couvrir et cuire à intensité élevée de 2 heures 30 minutes à 3 heures.

Prévoyez un temps de repos

Il est normal que les saucisses soient un peu molles à leur sortie de la mijoteuse. Mais ne vous en faites pas : après un temps de repos d'environ 2 à 3 minutes, les saucisses acquièrent une texture plus ferme !

Pain de base

Préparation **20 minutes** / Cuisson à intensité élevée **1 heure 30 minutes**
Quantité **10 tranches**

PAR PORTION	
Calories	170
Protéines	5 g
M.G.	4 g
Glucides	29 g
Fibres	1 g
Fer	2 mg
Calcium	6 mg
Sodium	476 mg

330 ml (1 ⅓ tasse) d'eau tiède

1 sachet de levure instantanée à levée rapide de 8 g

15 ml (1 c. à soupe) de miel

30 ml (2 c. à soupe) d'huile d'olive

680 ml (2 ¾ tasses) de farine tout usage

15 ml (1 c. à soupe) de sucre

10 ml (2 c. à thé) de sel

1. Dans un bol, mélanger l'eau avec la levure, le miel et l'huile. Laisser reposer 5 minutes.

2. Dans un autre bol, mélanger la farine avec le sucre et le sel.

3. Incorporer la préparation liquide aux ingrédients secs et mélanger jusqu'à l'obtention d'une préparation homogène.

4. Sur une surface légèrement farinée, pétrir la pâte 10 minutes en ajoutant un peu de farine si la pâte est trop collante, jusqu'à l'obtention d'une boule de pâte souple et élastique.

5. Couvrir l'intérieur de la mijoteuse avec du papier parchemin. Déposer la boule de pâte dans la mijoteuse. Pour éviter que le pain ne devienne humide, placer un linge au-dessus de l'ouverture de la mijoteuse, sans toucher le pain, en le maintenant en place à l'aide du couvercle.

6. Cuire à intensité élevée de 1 heure 30 minutes à 2 heures 30 minutes, jusqu'à ce que le dessous et les côtés du pain soient dorés.

7. Retirer le pain de la mijoteuse. Si désiré, transférer le pain sur une plaque de cuisson et cuire au four de 2 à 3 minutes à la position « gril » (*broil*), jusqu'à ce que le dessus du pain soit doré.

8. Laisser tiédir le pain sur une grille avant de trancher.

Une question de taille

La taille de la mijoteuse va influencer la forme du pain : plus la mijoteuse sera petite, plus le pain aura une forme ronde, tandis que dans un appareil de plus grande taille, sa forme sera plus étendue. Dans les deux cas, la recette fonctionne. L'important, c'est que le pain ne touche pas au couvercle !

Gruau

Préparation **10 minutes** / Cuisson à intensité élevée **2 heures** / Quantité **4 portions**

PAR PORTION	
Calories	415
Protéines	13 g
M.G.	15 g
Glucides	62 g
Fibres	6 g
Fer	2 mg
Calcium	305 mg
Sodium	96 mg

15 ml (1 c. à soupe)
de beurre

750 ml (3 tasses)
de lait 2 %

250 ml (1 tasse) de gros
flocons d'avoine

30 ml (2 c. à soupe) de sirop
d'érable

2,5 ml (½ c. à thé)
de cannelle

125 ml (½ tasse)
de raisins secs

2 pommes coupées en dés

80 ml (⅓ de tasse) d'amandes
rôties tranchées

1. Beurrer l'intérieur
de la mijoteuse.

2. Dans la mijoteuse,
mélanger le lait avec les
flocons d'avoine, le sirop
d'érable, la cannelle, les
raisins secs et les pommes.

3. Couvrir et cuire à
intensité élevée 1 heure
30 minutes.

4. Garnir le gruau
d'amandes rôties.
Couvrir et poursuivre
la cuisson à intensité
élevée 30 minutes.

Omelette soufflée

Préparation **15 minutes** / Cuisson à faible intensité **3 heures** / Quantité **4 portions**

PAR PORTION	
Calories	306
Protéines	16 g
M.G.	23 g
Glucides	11 g
Fibres	0 g
Fer	2 mg
Calcium	95 mg
Sodium	521 mg

60 ml (¼ de tasse)
de farine

5 ml (1 c. à thé)
de poudre à pâte

125 ml (½ tasse)
de fromage fouetté
à la crème

125 ml (½ tasse)
de lait 2 %

6 œufs

30 ml (2 c. à soupe)
de ciboulette hachée

5 ml (1 c. à thé)
d'ail haché

5 ml (1 c. à thé)
d'assaisonnements italiens

4 tranches de bacon cuites
et coupées en petits dés

Sel et poivre au goût

15 ml (1 c. à soupe)
de beurre

1. Dans un bol, mélanger
la farine avec la poudre
à pâte.

2. Dans un autre bol,
fouetter le fromage à la
crème avec le lait. Ajouter
les œufs en fouettant.

3. Incorporer graduellement les ingrédients secs
à la préparation aux œufs.
Ajouter la ciboulette, l'ail,
les assaisonnements
italiens et le bacon. Saler,
poivrer et remuer.

4. Beurrer l'intérieur de
la mijoteuse, puis y verser
la préparation.

5. Couvrir et cuire à faible
intensité de 3 heures à
3 heures 30 minutes.
Servir aussitôt.

Notre conseil

**Cette recette a été réalisée à l'aide d'une mijoteuse
de petit format. Si la vôtre est de grande taille,
pensez à doubler la recette. Autrement, vous risquez
de vous retrouver avec une omelette soufflée plate,
et donc beaucoup moins appétissante !**

Fèves au lard

Préparation **15 minutes** / Trempage **8 heures**
Cuisson à faible intensité **7 heures** / Quantité **8 portions**

PAR PORTION	
Calories	451
Protéines	29 g
M.G.	9 g
Glucides	82 g
Fibres	19 g
Fer	7 mg
Calcium	210 mg
Sodium	284 mg

875 ml (3 ½ tasses)
de haricots blancs secs

6 tranches de bacon
épaisses coupées en dés

1,25 litre (5 tasses) d'eau

1 oignon haché

125 ml (½ tasse)
de ketchup

80 ml (⅓ de tasse)
de mélasse

80 ml (⅓ de tasse)
de cassonade

5 ml (1 c. à thé) de moutarde
en poudre

Sel et poivre au goût

1. La veille, déposer les haricots dans un grand bol. Couvrir d'eau froide et laisser tremper de 8 à 12 heures.

2. Au moment de la cuisson, égoutter les haricots et jeter l'eau de trempage. Rincer les haricots à l'eau froide et égoutter.

3. Chauffer une poêle à feu moyen. Cuire les dés de bacon quelques minutes.

4. Dans la mijoteuse, déposer tous les ingrédients et remuer.

5. Couvrir et cuire à faible intensité de 7 à 8 heures.

Pour éviter les débordements (comme ce fut le cas quand j'ai testé la recette avec ma petite mijoteuse!), il est bien important que le liquide n'atteigne jamais le rebord de la mijoteuse. Si c'est le cas, vaut mieux réduire la recette de moitié. Pour vous en assurer, vous pouvez d'abord mesurer l'eau et les haricots, puis déposer le tout dans la mijoteuse afin de vérifier jusqu'où le liquide se rend. Retirez ensuite les ingrédients de la mijoteuse, puis, si la quantité de liquide était acceptable, suivez les instructions de la recette.

Marjorie, qui adore cuisiner, a longtemps cru que la mijoteuse ne servait qu'à préparer des bouillis et des mijotés fades. Elle a été convertie aux joies de ce fabuleux outil lorsqu'elle a découvert qu'on pouvait également y préparer du pain et des desserts, qu'elle prend maintenant plaisir à cuisiner pour elle et son chum Pierre-Marc.

Cretons

Préparation **15 minutes** / Cuisson à faible intensité **4 heures** / Quantité **4 portions**

PAR PORTION	
Calories	403
Protéines	23 g
M.G.	29 g
Glucides	13 g
Fibres	1 g
Fer	1 mg
Calcium	81 mg
Sodium	252 mg

15 ml (1 c. à soupe) de beurre

450 g (1 lb) de porc haché mi-maigre

1 oignon haché

10 ml (2 c. à thé) d'ail haché

1,25 ml (¼ de c. à thé) de cannelle

1,25 ml (¼ de c. à thé) de clous de girofle moulus

1,25 ml (¼ de c. à thé) de poivre de la Jamaïque (quatre-épices) moulu

1,25 ml (¼ de c. à thé) de sarriette hachée

125 ml (½ tasse) de lait 2 %

80 ml (⅓ de tasse) de bouillon de poulet

80 ml (⅓ de tasse) de chapelure nature

Sel et poivre au goût

1. Dans une poêle, faire fondre le beurre à feu moyen. Cuire le porc haché, l'oignon, l'ail et les épices de 4 à 5 minutes en égrainant la viande à l'aide d'une cuillère en bois.

2. Ajouter le lait et le bouillon de poulet dans la poêle. Porter à ébullition en remuant.

3. Transférer la préparation à la viande dans la mijoteuse. Ajouter la chapelure. Saler, poivrer et remuer.

4. Couvrir et cuire à faible intensité 4 heures.

5. Transférer la préparation dans le contenant du robot culinaire. Émulsionner 1 minute, jusqu'à l'obtention d'une texture homogène. Laisser refroidir complètement.

Jambon à l'érable et à l'ananas

Préparation **10 minutes** / Cuisson à faible intensité **8 heures** / Quantité **12 portions**

PAR PORTION	
Calories	272
Protéines	23 g
M.G.	12 g
Glucides	18 g
Fibres	0 g
Fer	2 mg
Calcium	22 mg
Sodium	1804 mg

10 ml (2 c. à thé)
de moutarde de Dijon

125 ml (½ tasse)
de sirop d'érable

125 ml (½ tasse) de bouillon
de poulet

2,5 ml (½ c. à thé)
de thym séché

1 épaule de porc fumée picnic
avec os de 1,8 kg (4 lb)

1 feuille de laurier

2 clous de girofle

1 boîte d'ananas en tranches
ou en gros morceaux de
398 ml, non égouttés

1. Dans un bol, fouetter
la moutarde avec le sirop
d'érable, le bouillon de
poulet et le thym.

2. Déposer le jambon dans
la mijoteuse en plaçant
la couenne sur le dessus.

3. Ajouter la préparation
à l'érable, le laurier, les
clous de girofle et les
ananas avec leur jus dans
la mijoteuse.

4. Couvrir et cuire à faible
intensité de 8 à 9 heures.

> *Je ne trouve pas toujours
> évident de trouver la bonne
> pièce de viande avec
> toutes les appellations que
> l'on retrouve à l'épicerie
> pour désigner le porc
> et le jambon ! N'hésitez
> pas à demander l'aide
> de votre boucher afin
> d'obtenir le meilleur
> résultat à la mijoteuse.
> Pour réaliser cette recette,
> j'ai essayé différentes
> coupes suggérées par mon
> boucher, et le résultat a été
> satisfaisant chaque fois !*

Laurence n'a pas l'habitude de
cuisiner du jambon, mais celui-ci
a été tout un succès lors du
dernier brunch familial ! Elle refera
certainement la recette !

Délices sucrés

Vous avez la dent sucrée, mais pas toujours l'envie de cuisiner sur-le-champ le délice qui vous tente? Mettez à contribution votre précieuse mijoteuse pour cuire à feu tout doux vos desserts favoris pendant votre absence! À votre retour, les pouding chômeur, tarte aux pacanes, brownies, mini-gâteaux au fromage, croustade aux pommes ou crème brûlée seront comme par magie prêts à déguster.

Gâteau moelleux au chocolat

Préparation **20 minutes** / Cuisson à faible intensité **3 heures** / Quantité **12 portions**

PAR PORTION	
Calories	365
Protéines	6 g
M.G.	17 g
Glucides	51 g
Fibres	3 g
Fer	2 mg
Calcium	52 mg
Sodium	192 mg

30 ml (2 c. à soupe) de beurre

430 ml (1 ¾ tasse) de farine

180 ml (¾ de tasse) de cacao

15 ml (1 c. à soupe) de poudre à pâte

2,5 ml (½ c. à thé) de sel

2 œufs

375 ml (1 ½ tasse) de sucre

250 ml (1 tasse) de lait 2 %

125 ml (½ tasse) d'huile de canola

10 ml (2 c. à thé) d'extrait de vanille

250 ml (1 tasse) d'eau chaude

125 ml (½ tasse) de pépites de chocolat au lait

1. Beurrer l'intérieur de la mijoteuse.

2. Dans un bol, mélanger la farine avec le cacao, la poudre à pâte et le sel.

3. Dans un autre bol, fouetter les œufs avec le sucre, le lait, l'huile et la vanille. Incorporer l'eau chaude en fouettant.

4. Incorporer graduellement les ingrédients secs et les pépites de chocolat à la préparation aux œufs.

5. Verser la pâte dans la mijoteuse. Pour éviter que le gâteau ne devienne humide, placer un linge au-dessus de l'ouverture de la mijoteuse, sans toucher la pâte, en le maintenant en place à l'aide du couvercle.

6. Cuire de 3 heures à 3 heures 30 minutes à faible intensité.

" J'ai servi le gâteau directement au milieu de la table, dans la mijoteuse. La texture est super moelleuse, comme un mi-cuit. Tout le monde s'est régalé ! À refaire, sans aucun doute ! "

Marilou adore cuisiner avec sa famille. Que ce soit sa sœur Alice, ses deux frères ou ses parents, les Cloutier étaient toujours prêts à tester des recettes. Surtout les desserts !

Mini-gâteaux au fromage

Préparation **25 minutes** / Cuisson à la mijoteuse **2 heures 30 minutes à faible intensité** / Réfrigération **5 heures** / Cuisson au four **12 minutes** Quantité **6 portions**

PAR PORTION	
Calories	594
Protéines	50 g
M.G.	18 g
Glucides	61 g
Fibres	9 g
Fer	8 mg
Calcium	140 mg
Sodium	610 mg

2 paquets de fromage à la crème de 250 g chacun, ramolli

125 ml (½ tasse) de sucre

125 ml (½ tasse) de crème à cuisson 15 %

30 ml (2 c. à soupe) de sirop d'érable

5 ml (1 c. à thé) d'extrait de vanille

2 œufs

Pour le croustillant :

250 ml (1 tasse) de chapelure de biscuits Graham

125 ml (½ tasse) de beurre ramolli

60 ml (¼ de tasse) de pacanes hachées finement

60 ml (¼ de tasse) de sucre

60 ml (¼ de tasse) de farine

Pour la garniture :

250 ml (1 tasse) de fraises tranchées

15 ml (1 c. à soupe) de sucre d'érable

Quelques petites feuilles de menthe

1. Dans un bol, mélanger les ingrédients du croustillant, à l'exception de la farine. Répartir la moitié du mélange dans six ramequins de 6 cm (2 ½ po) de diamètre et de 7,5 cm (3 po) de hauteur chacun.

2. Incorporer la farine dans le bol contenant le reste du croustillant. Réserver.

3. Dans le contenant du robot culinaire, mélanger le fromage à la crème avec le sucre, la crème, le sirop d'érable, la vanille et les œufs. Répartir la préparation dans les ramequins.

4. Couvrir le fond de la mijoteuse avec un linge. Déposer les ramequins sur le linge, puis verser de l'eau chaude dans le récipient de la mijoteuse jusqu'à mi-hauteur des ramequins.

5. Pour éviter que les mini-gâteaux ne deviennent trop humides, placer un linge au-dessus de l'ouverture de la mijoteuse, sans toucher les ramequins, en le maintenant en place à l'aide du couvercle.

6. Cuire de 2 heures 30 minutes à 3 heures à faible intensité, jusqu'à ce que la préparation soit ferme et légèrement bombée.

7. Retirer les ramequins de la mijoteuse. Laisser tiédir, puis réfrigérer de 5 à 6 heures.

8. Au moment de servir, préchauffer le four à 180 °C (350 °F).

9. Sur une plaque de cuisson tapissée de papier parchemin, étaler le croustillant réservé. Cuire au four de 12 à 15 minutes, en remuant à mi-cuisson. Retirer du four et laisser tiédir.

10. Dans un bol, mélanger les fraises avec le sucre d'érable. Laisser reposer 5 minutes.

11. Garnir les mini-gâteaux au fromage de préparation aux fraises, de croustillant et de feuilles de menthe.

Notre conseil

Pour réaliser cette recette, optez pour une grande mijoteuse qui pourra contenir tous les ramequins. Si vous avez une petite mijoteuse, vous pouvez toujours effectuer la cuisson en deux temps, ou encore cuire les mini-gâteaux au four. Pour ce faire, il suffit de déposer les gâteaux dans le four réglé à 180 °C (350 °F) pendant 30 à 40 minutes, en employant la technique du bain-marie. Mais on vous assure qu'ils valent la peine d'être cuits à la mijoteuse : leur texture est tout simplement divine !

PAR PORTION	
Calories	578
Protéines	9 g
M.G.	37 g
Glucides	54 g
Fibres	4 g
Fer	3 mg
Calcium	85 mg
Sodium	65 mg

Brownies

Préparation **30 minutes** / Cuisson à faible intensité **2 heures**
Temps de repos **1 heure** / Quantité **6 portions**

200 g (environ ½ lb) de chocolat noir 70 % coupé en morceaux

80 ml (⅓ de tasse) de beurre

2 œufs

160 ml (⅔ de tasse) de sucre

45 ml (3 c. à soupe) de yogourt nature 0 %

125 ml (½ tasse) de noix de Grenoble hachées

125 ml (½ tasse) de farine

100 g (3 ½ oz) de chocolat au lait coupé en morceaux

1. Couvrir l'intérieur de la mijoteuse de papier parchemin.

2. Dans un bain-marie ou au micro-ondes, faire fondre le chocolat noir avec le beurre.

3. Dans un bol, fouetter les œufs avec le sucre.

4. Ajouter le yogourt, les noix et la farine dans le bol. Remuer. Incorporer le chocolat noir fondu.

5. Étaler la moitié de la préparation au chocolat noir dans la mijoteuse. Couvrir de morceaux de chocolat au lait, puis couvrir du reste de la préparation au chocolat noir.

6. Couvrir et cuire de 2 heures à 2 heures 30 minutes à faible intensité, jusqu'à ce que le pourtour du brownie soit cuit, mais que le centre soit encore fondant.

7. Retirer le récipient de la mijoteuse. Remettre le couvercle sur le récipient et laisser tiédir 1 heure à température ambiante.

Pouding au riz

PAR PORTION	
Calories	402
Protéines	6 g
M.G.	16 g
Glucides	58 g
Fibres	1 g
Fer	3 mg
Calcium	148 mg
Sodium	76 mg

Préparation **5 minutes** / Cuisson à intensité élevée **2 heures 15 minutes**
Quantité **6 portions**

250 ml (1 tasse) de riz arborio

250 ml (1 tasse) de crème
à cuisson 15 %

500 ml (2 tasses) de lait 2 %

1 boîte de lait de coco
de 398 ml (de type Haiku)*

125 ml (½ tasse) de sucre

80 ml (⅓ de tasse)
de raisins secs

5 ml (1 c. à thé) d'extrait
de vanille

1. Dans la mijoteuse,
mélanger le riz avec
la crème, le lait, le lait de
coco, le sucre, les raisins
secs et la vanille.

2. Couvrir et cuire
de 2 heures 15 minutes
à 2 heures 30 minutes
à intensité élevée.

*« À sa sortie de la mijoteuse,
le pouding est tellement
bon et crémeux ! Le hic,
c'est qu'une fois refroidi,
il devient un peu moins
onctueux. Mon truc :
ajouter un peu de lait,
faire réchauffer quelques
secondes au micro-ondes,
et le tour est joué ! Ma
petite famille a adoré ! »*

Anne-Marie adore les recettes qui
se préparent rapidement. Cette
recette prête en 5 minutes était
donc toute désignée pour elle !

*Le lait de coco Haiku est l'un des seuls qui supporte bien la cuisson de longue durée.

Tarte aux pacanes

Préparation **20 minutes** / Cuisson à intensité élevée **2 heures 15 minutes**
Quantité **8 portions**

PAR PORTION	
Calories	692
Protéines	8 g
M.G.	42 g
Glucides	75 g
Fibres	4 g
Fer	2 mg
Calcium	55 mg
Sodium	330 mg

450 g (1 lb) de pâte à tarte

3 œufs

125 ml (½ tasse) de sucre

125 ml (½ tasse) de cassonade

160 ml (⅔ de tasse) de sirop de maïs doré

80 ml (⅓ de tasse) de beurre fondu

1,25 ml (¼ de c. à thé) de sel

5 ml (1 c. à thé) d'extrait de vanille

375 ml (1 ½ tasse) de pacanes en demies

1. Sur une surface légèrement farinée, abaisser la pâte en un ovale du même diamètre que celui de la mijoteuse, en ajoutant 5 cm (2 po) sur le pourtour.

2. Couvrir l'intérieur de la mijoteuse de papier parchemin, puis y déposer la pâte.

3. Dans un bol, fouetter les œufs avec le sucre, la cassonade, le sirop de maïs, le beurre fondu, le sel et la vanille. Verser la préparation dans la mijoteuse. Garnir de pacanes.

4. Pour éviter que la tarte ne devienne trop humide, placer un linge au-dessus de l'ouverture de la mijoteuse, sans toucher la tarte, en le maintenant en place à l'aide du couvercle.

5. Cuire de 2 heures 15 minutes à 2 heures 45 minutes à intensité élevée.

6. Retirer le couvercle de la mijoteuse et laisser tiédir.

Astuce de chef

Il est important que la pâte à tarte remonte bien sur les parois de la mijoteuse : à l'étape 2, appuyez fermement sur tout le pourtour de la pâte afin d'empêcher la garniture de fuir sur les côtés. Si la garniture entre directement en contact avec la mijoteuse, elle risque de brûler.

Gâteau-pouding au chocolat

PAR PORTION	
Calories	404
Protéines	4 g
M.G.	13 g
Glucides	70 g
Fibres	2 g
Fer	2 mg
Calcium	63 mg
Sodium	188 mg

Préparation **12 minutes** / Cuisson à intensité élevée **1 heure 30 minutes**
Quantité **6 portions**

30 ml (2 c. à soupe) de beurre

250 ml (1 tasse) de farine

10 ml (2 c. à thé)
de poudre à pâte

1,25 ml (¼ de c. à thé) de sel

80 ml (⅓ de tasse) de cacao

60 ml (¼ de tasse)
de beurre ramolli

180 ml (¾ de tasse) de sucre

125 ml (½ tasse) de lait 2 %

5 ml (1 c. à thé) d'extrait
de vanille

250 ml (1 tasse) de cassonade

500 ml (2 tasses)
d'eau chaude

1. Beurrer l'intérieur
de la mijoteuse.

2. Dans un bol, mélanger
la farine avec la poudre
à pâte, le sel et la moitié
du cacao.

3. Dans un autre bol,
fouetter le beurre ramolli
avec le sucre. Incorporer le lait et la vanille
en fouettant.

4. Incorporer graduellement les ingrédients liquides aux
ingrédients secs.

5. Verser la pâte dans
la mijoteuse et égaliser
la surface.

6. Dans un bol, fouetter
le reste du cacao avec la
cassonade et l'eau chaude.
Verser sur la pâte.

7. Couvrir et cuire
de 1 heure 30 minutes
à 1 heure 45 minutes
à intensité élevée.

Pouding chômeur

Préparation **20 minutes** / Cuisson à intensité élevée **1 heure 30 minutes**
Quantité **8 portions**

PAR PORTION	
Calories	538
Protéines	5 g
M.G.	19 g
Glucides	89 g
Fibres	1 g
Fer	1 mg
Calcium	148 mg
Sodium	145 mg

500 ml (2 tasses)
de sirop d'érable

250 ml (1 tasse) de crème
à cuisson 15 %

5 ml (1 c. à thé) d'extrait
de vanille

125 ml (½ tasse)
de beurre ramolli

125 ml (½ tasse) de sucre

1 œuf

125 ml (½ tasse) de lait 2 %

375 ml (1 ½ tasse) de farine

15 ml (1 c. à soupe)
de poudre à pâte

1 pincée de sel

1. Beurrer l'intérieur
de la mijoteuse.

2. Chauffer une casserole
à feu moyen. Verser le
sirop d'érable, la crème
et la vanille, puis porter
à ébullition en remuant
constamment. Verser
la préparation dans
la mijoteuse.

3. À l'aide du batteur électrique, fouetter le beurre
ramolli avec le sucre
jusqu'à l'obtention d'une
texture crémeuse. Incorporer l'œuf et le lait.

4. Dans un autre bol,
mélanger la farine avec
la poudre à pâte et le sel.

5. Incorporer graduellement le mélange de farine
à la préparation au beurre.

6. À l'aide d'une cuillère
à crème glacée, déposer
des boules de pâte sur
la préparation à l'érable.
Pour éviter que la pâte ne
devienne trop humide,
placer un linge au-dessus
de l'ouverture de la mijoteuse, sans toucher la pâte,
en le maintenant en place
à l'aide du couvercle.

7. Cuire de 1 heure
30 minutes à 2 heures
à intensité élevée.

8. Retirer le couvercle
de la mijoteuse et
laisser tiédir.

Crème brûlée

Préparation 15 minutes / Cuisson à faible intensité **2 heures 30 minutes**
Temps de repos **15 minutes** / Réfrigération **1 heure** / Quantité **6 portions**

PAR PORTION	
Calories	424
Protéines	4 g
M.G.	32 g
Glucides	31 g
Fibres	0 g
Fer	1 mg
Calcium	22 mg
Sodium	33 mg

1 contenant de crème à
cuisson 35 % de 473 ml

2,5 ml (½ c. à thé) d'extrait
de vanille

6 jaunes d'œufs

180 ml (¾ de tasse) de sucre

1. Dans une casserole,
chauffer la crème avec la
vanille jusqu'aux premiers
frémissements, sans lais-
ser bouillir. Retirer du feu.

2. Dans un bol, fouetter
les jaunes d'œufs avec
125 ml (½ tasse) de sucre,
jusqu'à ce que le mélange
blanchisse.

3. Incorporer graduellement la crème chaude
en fouettant.

4. Répartir la préparation
dans six ramequins de
6 cm (2 ½ po) de diamètre
et de 7,5 cm (3 po) de
hauteur chacun.

5. Couvrir le fond de la
mijoteuse avec un linge.
Déposer les ramequins

sur le linge, puis verser
de l'eau chaude dans le
récipient de la mijoteuse
jusqu'à mi-hauteur des
ramequins.

6. Couvrir et cuire
de 2 heures 30 minutes
à 3 heures à faible intensité, jusqu'à ce que la
préparation soit prise.

7. Retirer les ramequins
de la mijoteuse. Laisser tiédir de 15 à 20 minutes, puis
réfrigérer de 1 à 2 heures.

8. Au moment de servir,
saupoudrer les crèmes
brûlées avec le reste du
sucre. Caraméliser à l'aide
d'un chalumeau à pâtisse-
rie ou au four sur la grille
supérieure à la position
« gril » (*broil*).

Le secret pour une cuisson parfaite

**Pour réussir ces crèmes brûlées, utilisez
une mijoteuse d'au moins 8 litres, c'est-à-
dire suffisamment grande pour contenir
les six ramequins. Le linge placé au fond
de la mijoteuse ainsi que l'eau chaude
permettront à la préparation de cuire
tout en douceur, sans brûler.**

Croustade aux pommes

Préparation **30 minutes** / Cuisson à faible intensité **4 heures** / Quantité **6 portions**

PAR PORTION	
Calories	384
Protéines	3 g
M.G.	17 g
Glucides	57 g
Fibres	3 g
Fer	1 mg
Calcium	36 mg
Sodium	7 mg

20 ml (4 c. à thé) de beurre

5 pommes Cortland pelées et coupées en quartiers

80 ml (⅓ de tasse) de sucre

30 ml (2 c. à soupe) de jus de citron

15 ml (1 c. à soupe) de fécule de maïs

2,5 ml (½ c. à thé) de gingembre moulu

2,5 ml (½ c. à thé) de cannelle

Pour le crumble :

160 ml (⅔ de tasse) de cassonade

125 ml (½ tasse) de farine

125 ml (½ tasse) de gros flocons d'avoine

80 ml (⅓ de tasse) de beurre ramolli

60 ml (¼ de tasse) de pacanes hachées

2,5 ml (½ c. à thé) de cannelle

1,25 ml (¼ de c. à thé) de muscade

1. Beurrer l'intérieur de la mijoteuse.

2. Dans un bol, mélanger les pommes avec le sucre, le jus de citron, la fécule de maïs, le gingembre moulu et la cannelle. Déposer dans la mijoteuse.

3. Dans le même bol, mélanger les ingrédients du crumble jusqu'à l'obtention d'une texture granuleuse.

4. Répartir le crumble sur les pommes.

5. Pour éviter que la croustade ne devienne trop humide, placer un linge au-dessus de l'ouverture de la mijoteuse, sans toucher la préparation, en le maintenant en place à l'aide du couvercle.

6. Cuire de 4 à 5 heures à faible intensité.

Un dessert qui croque sous la dent

Le fait de placer un linge au-dessus de l'ouverture de la mijoteuse permet de contrôler la condensation qui se forme habituellement lorsqu'on utilise ce mode de cuisson, puisque le linge en absorbe alors une grande partie. C'est le secret pour une croustade croustillante !

Index des recettes

Plats principaux

Bœuf et veau

Porc

Poulet

Poisson et fruits de mer

Soupes

Déjeuners et brunchs

Desserts

214

64

Une réalisation de

Éditeur de